México: La ceniza y la semilla

México:
La ceniza
y la semilla

Héctor
Aguilar Camín

Primera edición: Cal y arena, 2000
Segunda edición: Cal y arena, 2000
Tercera edición: Cal y arena, 2000

i\ 6413659

Portada: Abel Quezada, *La adivina del milenio*, 1987
Fotografía del autor: Christa Cowrie

© 2000, Héctor Aguilar Camín
© 2000, Aguilar, León y Cal Editores, S. A. de C.V.
Mazatlán 119, Col. Condesa, Delegación Cuauhtémoc
México 06140, D. F.

ISBN: 968-493-380-0

IMPRESO EN MÉXICO

Índice

Para
Silvia Lemus
Carlos Fuentes
Carlos Fuentes Lemus

En ese tiempo, tres elementos se repartían la vida al alcance de los hombres jóvenes: a sus espaldas un pasado destruido para siempre, pero agitándose todavía sobre sus despojos, con todos los fósiles de los siglos del absolutismo; frente a sus ojos, la aurora de un larguísimo horizonte, los primeros celajes del porvenir; y entre estos dos mundos... algo semejante al océano que separa al Viejo mundo de la joven América, algo informe, vacilante... En pocas palabras, el siglo presente, que separa el pasado del futuro, que no es ni éste ni aquél aun pareciéndose a los dos, y en el cual uno no sabe, al caminar, si va pisando semillas o cenizas.

ALFRED DE MUSSET, *Confesiones de un hijo del siglo*

Alcance

En 1988 publiqué un libro sobre las tendencias del cambio en México, Después del milagro. *Traté de reconocer ahí la magnitud de los cambios que México había sufrido a lo largo del siglo y la transformación que lo esperaba adelante. Revisé con algún detalle cuatro tendencias políticas y cuatro tendencias civilizatorias.*

Las tendencias políticas eran:

- *Un descenso relativo del peso del Estado y un ascenso relativo del peso de la sociedad.*
- *El paso del acuerdo al litigio entre las cúpulas gobernantes y las representaciones corporativas del capital y el trabajo.*
- *El vaciamiento del control corporativo en el campo y la progresiva rebelión civil en las ciudades.*
- *El paso de un «presidencialismo absolutista» a un «presidencialismo constitucional», y de un sistema de partido dominante, a un sistema de partidos competitivos que permita la alternancia en el poder.*

Las tendencias civilizatorias eran:

- *El tránsito definitivo del país rural al país urbano y de un agudo proceso centralizador, a la constitución de una nueva periferia descentralizada.*
- *El ingreso a una nueva fase larga de integración a la economía mundial, que a su vez inicia una revolución productiva y tecnológica de magnitud imprevisible.*
- *Una reconcentración de la desigualdad.*
- *La constitución de un «pueblo nuevo» —una nueva mayoría nacional, social, mental, política— que suple, aunque en parte repite, a la anterior.*[1]

Las tendencias políticas se han cumplido del todo, hasta desembocar en la alternancia por vía de las elecciones del 2 de julio del año 2000.

Las tendencias civilizatorias mantuvieron su paso y lo aceleraron en algunos aspectos, como en la nueva integración a la economía mundial y la reconcentración de la desigualdad.

México, la ceniza y la semilla *puede leerse como un alcance a* Después del milagro. *No aborda todos los temas de aquel libro, sólo algunos relativos a la evolución del «pueblo nuevo», la «nueva mayoría social, mental, política» apuntada entonces.*

En 1988, cuando escribí Después del milagro, *el sistema político resultaba arcaico para la modernidad social*

---

[1] *Después del milagro*, Ediciones Cal y arena, México, 1988.

alcanzada por el «pueblo nuevo» de México. Ésa fue una idea central de aquel libro. Al empezar el siglo XXI podría predicarse lo contrario: la modernidad social de México, en particular su cultura cívica, están por debajo de los retos que plantea la modernidad democrática abierta por la elección del 2 de julio. Ésta es la idea central del presente libro: la modernidad democrática alcanzada pide una cultura ciudadana que está en formación y que en algunos aspectos no ha nacido todavía.

Los cambios sufridos por México en el último cuarto de siglo son tan grandes como sus inercias. Mucho ha cambiado en México y mucho falta por cambiar. Dedico la primera parte de este libro a los cambios. La segunda, a las inercias. La tercera, al tema central apuntado arriba: hace un cuarto de siglo, México tenía una sociedad más moderna que su sistema político. Al empezar el siglo XXI, la sociedad mexicana no es suficientemente moderna para construir una democracia estable. Ha cambiado a su gobierno lo necesario para instaurar un régimen democrático. Pero no se ha cambiado a sí misma lo necesario para llenar de realidad ciudadana el nuevo régimen político que ha dado a luz.

La parte final del libro es un apunte sobre las mixturas de la modernidad mexicana y algunos de sus desafíos.

Unas palabras sobre el título. Viene del discurso con que Carlos Fuentes agradeció la entrega del premio de literatura Príncipe de Asturias. Siguiendo un pasaje de Alfred de Musset, Fuentes comparó nuestra época con los tiempos postnapoleónicos en que Europa caminaba con un pie sobre la semilla de los nuevos tiempos y otro sobre la ceniza de los viejos.

México camina también sobre un suelo de semillas y ceni-
zas. Hay que pisar con cuidado y saber lo que se pisa.

Alberto Román ha sido compañero y editor de este libro
en todas sus fases. Tengo algo más que gratitud por ello. Luis
Rubio, Eduardo Medina Mora y Luis Miguel Aguilar han sido
sus lectores anticipados. Con sus comentarios han mejorado
lo que leyeron. La traducción del epígrafe de De Musset es de
Alberto Román.

México, D. F., octubre de 2000.

I
Los cambios

FIN DE ÉPOCA

El 2 de julio del año 2000 México tuvo por primera vez unas elecciones presidenciales libres con ascenso pacífico de la oposición al poder. Hasta ese momento, la discordia electoral había sido origen de casi todas las revueltas políticas de su historia.

La discordia electoral, la disputa sobre cómo se accede legítimamente al poder, fue el trasfondo de la lucha entre liberales y conservadores de la primera mitad del siglo XIX y de la guerra civil entre ambos, a partir de 1857. La protesta electoral dio paso a la revolución de Tuxtepec que llevó al poder a Porfirio Díaz, en 1876. Otra protesta electoral puso en marcha la revolución que derribó al propio Díaz, en 1910. Discordias electorales separaron a los revolucionarios triunfantes y provocaron levantamientos militares en 1919, 1923, 1927, 1929. Este último año se fundó el Partido Nacional Revolucionario (PNR, el abuelo del PRI). Empezó entonces la construcción del sistema político que durante medio siglo puso fin al espectro de las revueltas electorales al precio de secuestrar la competencia democrática.

Después de 1929, ninguna escisión de la «familia revolucionaria» terminó en revuelta armada. Pero las escisiones menudearon al

19

paso de la ocasión electoral. En 1929 lanzó su candidatura independiente el escritor José Vasconcelos, antiguo secretario de Educación. En 1940, el general revolucionario Juan Andrew Almazán. En 1946, el secretario de Relaciones Exteriores, Ezequiel Padilla. En 1952, el general Miguel Henríquez Guzmán. Todos fueron sofocados por el aparato oficial, que controlaba las urnas y la fuerza.

En la sucesión presidencial de 1958 hubo por primera vez un candidato único de la familia revolucionaria, designado por el Presidente sin que nadie objetara ese derecho no escrito a nombrar al sucesor. La unanimidad se repitió sin disonancias con cada cambio de gobierno sexenal: 1964, 1970, 1976, 1982. El Partido Revolucionario Institucional (PRI) había llegado a ser la maquinaria hegemónica que hizo su fama. La escisión no volvió a presentarse en las filas priistas sino hasta 1988, con la candidatura independiente de Cuauhtémoc Cárdenas. Las elecciones de ese año dejaron al PRI con sólo la mitad de los votos y exhibieron las miserias del sistema electoral, una obra de manipulación que servía al gobierno para legitimar en urnas controladas decisiones tomadas en la Presidencia de la República. A partir de 1988, la obsesión del país fue transparentar sus elecciones, separándolas del control del gobierno.

La jornada del 2 de julio de 2000 que otorgó el triunfo a Vicente Fox, candidato a la Presidencia por el Partido Acción Nacional (PAN), culminó esos años de cambio político. Fue el fin de una larga serie de reformas electorales y saldó una de las asignaturas pendientes de la instauración democrática: la transmisión del poder mediante elecciones libres y transparentes. El triunfo de Fox probó que México estaba bien equipado para su apuesta electoral. Tenía, al fin, por primera vez en su historia, los componentes de una democracia moderna: votantes de carne y hueso, partidos políticos de alcance nacional, instituciones electorales autónomas y una opinión pública independiente.

A partir del 2 de julio, la democracia mexicana tuvo también la fecha fundacional que le faltaba, una fecha que marca el antes y el después de la transición democrática. El 2 de julio de 2000 la casa mexicana quedó exorcizada de los fantasmas del fraude. Como si las hubiera practicado siempre, el país ofició en esas elecciones todas las escenas fundadoras de su nueva época.

Primero, fue una contienda incierta con reglas claras. Los candidatos estuvieron sometidos al escrutinio abierto de los medios y los ciudadanos, ganaron y perdieron en condiciones de equidad, pagando por sus errores, cosechando por sus aciertos.

Segundo, hubo alternancia en el poder. Los votantes dirimieron la contienda soberanamente, escondiendo hasta el final las proporciones exactas de su voluntad. El resultado fue contundente sin ser abrumador, los votantes lo supieron esa misma noche por medio de sondeos y encuestas organizadas por los medios de comunicación electrónica.

Tercero, el triunfador fue reconocido por sus adversarios. Los perdedores admitieron su derrota, comenzando por el Presidente de la República, que asumió la pérdida del candidato de su partido y ofreció su inmediata colaboración al triunfador.

Cuarto, al pleito siguió la naturalidad cívica, la normalidad de la vida después de la batalla. La gente se fue a dormir tranquila, los ganadores jubilosos, los perdedores tristes, aceptando su derrota en buena lid.

Todas estas cuestiones rutinarias de la normalidad democrática sucedieron en México por primera vez el 2 de julio del año 2000. Fue una jornada de fundación. También la clausura de un mundo. Un fin de época tranquilo: cívico, civilizado y civilizador. La hegemonía del PRI terminó como dijo T. S. Eliot que acabaría el mundo, no con una explosión sino con un gemido. Luego de que el candidato priista Francisco Labastida reconoció su derrota en la sede del partido, los priistas cantaron el himno nacional, solemnes y doloridos, como parados en la proa del Titanic.

Al final de la noche de la elección, en la madrugada inaugural de México, era posible escuchar a unos cuantos triunfadores desvelados que hacían sonar la bocina de sus coches sobre una *polis* silente. Por primera vez en su historia, los ciudadanos de esa *polis* habían cambiado de partido en el gobierno sin un pleito. Habían derrotado al PRI y dormían tranquilos, como bebés que apenas ayer hubieran venido al mundo.

LAS ERAS DEL PRI

«¿Y ahora qué?» Así encabezó la influyente revista *Proceso* su edición especial de las elecciones que terminaron con el régimen presidencial del PRI. La pregunta resumía bien las emociones y las dudas que flotaban en la vida pública mexicana: euforia de principio de época, inquietud de horizonte inédito.

Hubo esos días una ligereza inaugural en los ánimos. ¿Pero qué es realmente lo que inauguró el 2 de julio de 2000? ¿Fue el fin de «71 años de régimen priista», como dijo el candidato Fox y acabó diciendo toda la prensa, nacional e internacional?

Conviene matizar lo que hoy se agrupa en la palabra PRI. Cuando uno voltea a los «71 años de régimen priista» lo que ve no es el paisaje monolítico, un tanto soviético, que sugiere la frase. Si se mira con cuidado, esos setenta y un años aparecen como una historia compleja que está lejos de agotarse en la noción de partido de Estado o dominación de un solo partido.

Para comenzar, se trata de tres partidos, con estructura y proyectos distintos a lo largo del tiempo. El primero, fundado en 1929 como Partido Nacional Revolucionario, fue una coalición de generales decididos a ponerse de acuerdo para dejar de pelearse por el poder. En el curso de los años veinte, tres rebeliones militares habían sacudido al país. Todas fracasaron, el poder central se afirmó diezmando rebeldes y pudo convocar a una asamblea de revolucionarios para ordenar sus ambiciones y evitar nuevos desgarramientos.

El PNR fue un partido esencialmente cupular, un pacto de señores de la guerra, caciques regionales, generales y políticos civiles. No se agruparon con la idea de ser un partido único, sino con la idea de ser el «Partido de la Revolución», como opuesto al «Partido de la Reacción», en una lógica que reproducía la lucha decimonónica de liberales y conservadores. Querían ser también un partido nacional, una organización que superara las divisiones regionales incluyéndolas en un cuerpo donde pudieran negociarse las diferencias.

EL PNR se estrenó derrotando mediante el control gubernamental de las elecciones, la candidatura independiente de José Vasconcelos, antiguo ministro del régimen revolucionario que fue tratado sin embargo como heraldo de la reacción. La manipulación electoral, hay que decirlo, no fue una invención de los revolucionarios. Era la tradición vigente de un país sin ciudadanía real ni instituciones democráticas arraigadas, un país de costumbres corporativas y feudales. Los gobiernos organizaban las elecciones. La lucha política para los opositores consistía no en ganar la votación, sino en apoderarse del aparato electoral para inventar los votos.

Al PNR sucedió en 1938 el Partido de la Revolución Mexicana (PRM), fundado por el entonces presidente Lázaro Cárdenas. El PRM siguió siendo el partido de la familia revolucionaria, pero fue también un partido de masas corporativo. Tuvo un sector obrero, un sector campesino, un sector popular y un sector militar. El PRM se estrenó sometiendo en las urnas la candidatura independiente de Juan Andrew Almazán, general escindido de la familia revolucionaria junto con muchos otros, inconformes con los tonos socialistas del gobierno. El PRM tampoco se planteó como un partido único, aunque sí como el instrumento de La Revolución para no soltar el poder ni entregarlo en manos de La Reacción.

Al PRM sucedió, en 1947, el Partido Revolucionario Institucional, diseñado desde la presidencia de Miguel Alemán. El recién nacido PRI conservó la alianza de la familia revolucionaria del PNR y el carácter de partido corporativo de masas del PRM, pero puso todo eso al servicio de la industrialización de la postguerra y el desarrollo de una economía capitalista.

El PRI sometió en las urnas una nueva escisión de la familia revolucionaria, la del general Henríquez Guzmán, en 1952. A partir de ese momento comenzó a haber en el PRI vocación de partido hegemónico, la idea de la oposición como un asunto decorativo, importante sólo para guardar las formas mientras el Presidente, jefe nato del partido, decidía las cosas políticas. El Presidente decidía quiénes habrían de ser los candidatos a gobernadores, al Congreso y hasta a las alcaldías de algunas ciudades. Sobre todo, el Presidente decidía quién sería el candidato presidencial. El PRI ganaba todas las elecciones de manera que ser su candidato era ya ganar la elección.

El PRI empezó sus tres décadas de partido hegemónico en 1958: la «edad de oro» de la dominación incontestada. Aun entonces, las cosas estuvieron lejos de ser monolíticas. Los presidentes y las camarillas priistas no podían reelegirse ni, por tanto, perpetuarse en el poder. A cambio de oposición, se estableció un sistema interno de consagración y guillotina sexenal. Cada seis años llegaba al poder un Presidente nuevo con facultades enormes, entre ellas el manejo discrecional del partido y el nombramiento de su sucesor. Cada seis años el sucesor elegido decapitaba a su elector, asaltaba el poder, echaba y nombraba a medio gobierno garantizando así una salvaje «circulación de las élites».

Pese a sus hábitos políticos arcaicos, el PRI no fue el partido de la inmovilidad. En las décadas de dominio priista, el país cambió al menos dos veces de proyecto nacional. En los cincuenta y sesenta se orientó a la industrialización sustitutiva de importaciones, dejando atrás la utopía socializante, corporativa y popular, del cardenismo. Inauguró una época de estabilidad política y crecimiento sostenido que se conoce todavía como el milagro mexicano (1946-1970). Ese modelo sufrió en los años setenta un proceso de expansión sin control del gasto público, que condujo a una estrepitosa quiebra de las finanzas gubernamentales y, por tanto, del Estado clientelar y corporativo.[1] A partir de los años

[1] La expansión del gasto no fue consecuencia del modelo, sino del rechazo a sus pobres frutos en materia de justicia y desigualdad social. La solución

ochenta, por efecto en gran medida de esa quiebra, pero también por los cambios en la escena mundial, empezó un segundo proceso de reforma de la economía y del Estado en la era del PRI. Fue un cambio en el sentido contrario del seguido hasta entonces: un cambio hacia la apertura de la economía y el desmantelamiento del Estado interventor, del que hablaremos adelante.

Sólo entendiendo la diversidad histórica de esos partidos y los cambios internos del propio PRI es posible entender el siglo mexicano que terminó el 2 de julio de 2000. Fue un régimen peculiar que sin haber tenido jamás alternancia en el poder, cambió como pocos a sus élites gobernantes y emprendió los proyectos más dispares. El del PRI fue un régimen extravagante, a la vez plutocrático y popular, estatólatra pero capitalista, desigual pero incluyente, vertical pero inclinado a las reformas, autoritario pero no dictatorial o policiaco. Un régimen de partido hegemónico donde siempre hubo elecciones y partidos de oposición.

El PRI aplanadora, «partido de Estado», «dictadura perfecta» de cuyo fin habló el mundo, en realidad fue un partido hegemónico que comenzó a existir en los años cincuenta y terminó de hecho en la contienda presidencial de 1988, cuando la familia revolucionaria sufrió una nueva escisión, la de Cuauhtémoc Cárdenas, hijo del expresidente Lázaro. Ese año las elecciones presidenciales dejaron de ser un paseo y

---

encontrada a esas debilidades por los presidentes Luis Echeverría (1970-76) y José López Portillo (1976-82) fue expandir el gasto del Estado, lo cual dio paso a déficits crecientes de las finanzas públicas hasta terminar, en 1982, con un déficit equivalente al 16% del producto interno bruto.

comenzaron a ser el escenario real de la disputa por el poder, en una espiral ascendente que terminó con la derrota del PRI, el 2 de julio del año 2000.

LOS CAMBIOS ATRÁS DEL CAMBIO

La elección del 2 de julio inauguró la alternancia opositora en la Presidencia, no la vida democrática de México. Antes de esa elección, partidos distintos del PRI gobernaban ya sobre uno de cada tres mexicanos. En el nivel municipal, el 65% de los votantes sabía lo que era vivir sin el PRI en el poder: había tenido durante la última década gobiernos distintos del PRI. Esa experiencia puede haber sido determinante en el resultado del 2 de julio. Muchos mexicanos habían probado la alternancia y sabían que no es el fin del mundo, sólo un mecanismo correctivo de los gobiernos.

En el nivel federal, la experiencia no era tampoco inédita. En las elecciones de 1997, el PRI perdió la mayoría absoluta en el Congreso; el control de la Cámara de diputados pasó a manos de la oposición, lo mismo que el gobierno de la Ciudad de México, la más influyente y rica del país.

Contra la imagen de un régimen monolítico que se desploma el 2 de julio, lo que sucedió realmente fue una transición democrática compleja que se fue construyendo, elección tras elección, a partir de 1988. La verdadera transformación del régimen, sin embargo, la transformación que desata todas las otras, hay que rastrearla más atrás. Empieza en el año de 1982, que define la quiebra de la economía estatal y el inicio de una modernización que altera poco a poco todas las premisas de la dominación priista. Sin una mirada a ese proceso de largo alcance no se entenderá cabalmente el significado del gran cambio político cumplido el 2 de julio.

A partir de la conquista española en 1521, las grandes transformaciones de México han sido cuatro:

1. El proceso de colonización y evangelización de los siglos XVI y XVII que crea el espacio donde empieza propiamente la nación mexicana: ese hecho nuevo en la historia que no es la sociedad indígena ni es la sociedad española, sino su mezcla. 2. Las reformas borbónicas del siglo XVIII, que desembocan en la independencia nacional de 1821, luego del derrumbe del imperio español en América. 3. La reforma liberal que tardó en imponerse medio siglo XIX. 4. La Revolución mexicana, cuya sombra cubre la mayor parte del XX.

En los últimos años del siglo XX, a partir de la quiebra de las finanzas públicas de 1982, puede haber dado principio en México una quinta transformación de largo alcance. El sentido de esa transformación, que ha tocado todas las fibras de la sociedad mexicana, se resume en un doble cambio: el del modelo de desarrollo económico y el de la naturaleza del régimen político.

En el ámbito económico hablamos del paso de una economía cerrada a una economía abierta: de una economía protegida, volcada hacia el mercado interno, a una economía de libre comercio, volcada a la exportación; de una economía regulada por un Estado intervencionista a una economía regulada por las fuerzas del mercado.

En el ámbito político asistimos al paso de un régimen presidencialista sin contrapesos a un régimen presidencial acotado, con independencia de los otros poderes; y de un sistema de partido hegemónico, con elecciones controladas, a un sistema de partidos competitivos, lo que implica elecciones libres, una opinión pública independiente y una ciudadanía con alternativas de gobierno.

LA REFORMA

¿Dónde empieza este cambio? ¿Qué lo produce? A los mexicanos nos gusta pensar insularmente nuestra historia, como si todo lo que en ella sucede tuviera explicación dentro de nuestras fronteras soberanas. Pero basta levantar un poco la mirada hacia la historia del mundo para entender hasta qué punto las grandes transformaciones de México coinciden con grandes transformaciones del mercado y la política mundiales. La transformación mexicana de fin de siglo no es una excepción, forma parte del reacomodo productivo, financiero y técnico que alteró profundamente las coordenadas del mercado mundial a partir de los años setenta.

México presentaba entonces muy altas credenciales de estabilidad y desarrollo. Era un caso excepcional de los exitosos crecimientos orientados hacia dentro, que arrancaron en los años cuarenta en América Latina. Fueron crecimientos basados en la industrialización que sustituía importaciones, el proteccionismo comercial y el intervencionismo del Estado.

A partir de los años setenta las condiciones de éxito en el mercado mundial cambiaron. Las economías exitosas de esos años se habían adecuado a nuevos procesos de globalización tecnológica y comercial. La aceleración de tales procesos durante los ochenta reventó fronteras nacionales y economías planificadas. Se impuso en el mundo una lógica de grandes bloques económicos, con oportunidades globales para los productores en los distintos nichos del mercado mundial. El reacomodo tuvo profundas consecuencias. La mayor de ellas fue la rendición del mundo socialista en 1989, que acabó de hacer evidentes su fracaso económico, su injusticia social, sus opresiones políticas.

Más por necesidad que por previsión, México tuvo también que ajustar sus condiciones a los desafíos de la hora. Lo hizo a partir de la crisis de la deuda externa de 1981-82, que tuvo un efecto irreversible sobre las finanzas públicas y sobre la lógica del Estado. Hasta ese año, la economía y la política de México estaban altamente subsidiadas y protegidas de la competencia. México tenía empresarios subsidiados y protegidos, trabajadores subsidiados y protegidos, campesinos subsidiados y protegidos, clases medias subsidiadas y protegidas. Era un país de votos subsidiados y protegidos, con una oposición política subsidiada y protegida, y un hegemónico partido oficial subsidiado y protegido. Al final de la línea, en la cima de la pirámide, había una Presidencia fuerte, subsidiada y protegida. Todo o casi todo en México estaba subsidiado y protegido, en alguna medida, por el manto estatal. Todo era, al final, en alguna medida, pagado por el tesoro público. La quiebra de las finanzas del gobierno fue, por ello, no sólo la quiebra de una organización económica, sino el principio del fin de un régimen político. Significó la crisis de un modelo de desarrollo económico, pero también la crisis de un modelo de estabilidad política.

La clase gobernante del país tuvo que plantearse entonces lo que llamaron el «cambio estructural», es decir, reducir los subsidios y el proteccionismo, achicar el Estado, abrir la economía a la competencia internacional, poner el país a la hora de las realidades del mundo y de los nuevos milagros económicos que protagonizaban países capaces de explotar sus ventajas comparativas en el mercado mundial.

La reforma liberalizadora tuvo un ritmo gradual durante el gobierno de Miguel de la Madrid (1982-1988) y un ritmo acelerado en el de Carlos Salinas de Gortari (1988-1994). Ambos gobiernos hablaron sobre todo de cambios en la economía. Fueron renuentes, en distinta medida, a desmontar el aparato político en que estaban parados. No buscaban entregar el poder. Querían hacer viable la economía en un nuevo contexto internacional y reiniciar el crecimiento para evitar un colapso político. Pero conforme la reforma económica avanzaba, la vieja estructura corporativa recibió heridas de muerte.

En medio de la crisis económica de los ochenta, surgieron actores políticos no controlados por la protección y el subsidio. Empezó a crecer la demanda de un cambio democrático, la demanda de una sociedad irritada por la crisis económica, una sociedad moderna en muchos aspectos, producto de cambios enormes aunque silenciosos, en particular el proceso de urbanización y la constitución de unas clases medias educadas, cuya reserva de protesta había anunciado el movimiento estudiantil del año de 1968.

Pronto fue claro que la decisión de liberalizar y abrir la economía mexicana significaba también una reforma del Estado clientelar y de la política corporativa, especialidad del PRI. La reforma liberalizadora era un desafío a la cultura política priista que se condensa en la expresión «nacionalismo revolucionario». Según esa cultura, vigente durante toda la era del PRI, México debía ser:

Un país *laico* que mantenía a la Iglesia católica sin derecho a participar en la vida pública.

Un país *agrarista* que repartía tierra a los campesinos, apo-

31

yaba el ejido y limitaba la expansión de la propiedad privada en el campo.

Un país *sindicalista* que apoyaba la organización sindical de los trabajadores y la defensa de sus derechos laborales.

Un país *nacionalista* capaz de contener la influencia de su adversario histórico, Estados Unidos.

Un país *estatista* donde el Estado garantizaba el equilibrio social mediante el reparto corporativo de protecciones y subsidios. El Estado era también el propietario de los bienes mayores de la nación: el petróleo, la electricidad, los bancos, los teléfonos, las aerolíneas, los ingenios azucareros.

La reforma iniciada en 1982 desafió cada una de esas certezas.

Le dijo al país laico que la Iglesia debía recobrar sus derechos públicos.

Le dijo al país agrarista que el reparto agrario y el ejido debían llegar a su fin para permitir el desarrollo del campo.

Le dijo al país sindicalista que la productividad estaba reñida con las prebendas laborales vigentes en México.

Le dijo al país nacionalista que las oportunidades de la nación no estaban en su recelo defensivo sino en la asociación abierta con el adversario histórico, Estados Unidos, a través del Tratado de Libre Comercio de Norteamérica (TLC).

Y al país estatista le dijo que el Estado era demasiado grande y debía reformarse, hacerse más chico.

En el curso de la reforma, el gobierno vendió bienes nacionalizados, como la banca, las líneas de aviación, los ingenios azucareros, la compañía telefónica. Recortó subsidios a una población acostumbrada a ellos. Suprimió protecciones a una economía acostumbrada a los mercados cautivos. Redujo privilegios a una organización sindical acostumbrada al trato privilegiado. Impuso restricciones a una burocracia acostumbrada a la falta de controles.

Profetas mal armados

Nadie incurre en reformas de esa magnitud sin riesgo de fracturas. No son reformas epidérmicas. En ningún país han podido implantarse sin altos costos sociales y aun sin imposiciones de corte dictatorial, como en el caso de Chile bajo Pinochet o Perú bajo Fujimori. Pero ningún país de nuestro continente ha podido negarse a implantar esas reformas ya que se paga más por retrasarlas, como lo muestra el caso de Cuba.

Los costos del cambio fueron altos. En 1987 provocaron la primera escisión en la historia del PRI por la inconformidad de los disidentes con las reformas. La reducción de los subsidios golpeó a distintos grupos sociales. La sequía de las finanzas públicas sacudió viejas redes de lealtades políticas. La contracción del Estado afectó a muchas clientelas del presupuesto; fue vista por diversos sectores como una renuncia a los deberes sociales del gobierno. La apertura comercial significó la quiebra de muchas empresas que eran eficientes en condiciones de proteccionismo. Las privatizaciones tuvieron pocos triunfadores y muchos derrotados. La normalización de las relaciones con la Iglesia fue un escándalo en el corazón del laicismo oficial. Los énfasis en la productividad congelaron antiguas conquistas laborales y enfriaron la relación de los sindicatos con el gobierno. El fin del reparto agrario sacudió viejos intereses asociados a la tutela y la corrupción en el campo, uno de los pilares del control político tradicional de México. El Tratado de Libre Comercio y el acercamiento a Estados Unidos fueron vistos por muchos como una entrega de soberanía y una rendición económica del país. No es casual que el TLC fuera invocado como causa de la rebelión chiapaneca de 1994: sellaba, según los rebeldes, el olvido definitivo de los pobres de México.

Los reformadores mexicanos enfrentaron las dificultades previstas por Maquiavelo en su célebre pasaje sobre los profetas desarmados:

> Nada hay tan difícil de ejecutar ni de resultado tan incierto como introducir un nuevo orden de cosas, ya que quien lo introduce tiene como enemigos a todos los que medran del viejo orden, y como aliados poco entusiastas a quienes pudieran medrar del orden nuevo... Los hombres no creen realmente en las cosas nuevas a menos que hayan tenido experiencia personal de ellas.

Los reformadores mexicanos no estaban tan desarmados como los profetas de Maquiavelo. Ocupaban la cima del Estado. Para echar las bases del cambio, usaron los instrumentos verticales del México corporativo y los poderes sin contrapeso del presidencialismo. El problema fue que los beneficios del orden nuevo no sólo tardaron en arrojar resultados, sino que en 1995 desembocaron en una nueva crisis, mayor incluso que la de 1982 que había disparado las reformas.

Para preservar la estabilidad política, los reformadores gastaron de más, incurrieron en algunos de los desequilibrios económicos que querían corregir. En 1994, el déficit comercial era alto y los déficits ocultos de la administración también. La deuda pública exigible en dólares, mediante los bonos de la tesorería nacional, llegó, sólo por ese concepto, a los 30 mil millones de dólares. El cambio de gobierno de ese año fue particularmente descoordinado. Los errores del nuevo equipo gobernante agudizaron la situación de por sí comprometida. La crisis estalló bajo la forma de una devaluación agresiva de la moneda y una brusca interrupción del crecimiento.

En la crisis de 1995, por primera vez los deudores no fueron sólo el gobierno y las grandes empresas. Quedaron en deuda también las empresas pequeñas y medianas, las familias, los presupuestos personales. Las clases medias fueron sorprendidas con deudas acumuladas sobre sus tarjetas de crédito, sus casas, sus automóviles.[2] Habían creído en el nuevo milagro. Pagaron la credulidad con su bolsillo y giraron cobranzas políticas sobre el gobierno y los reformadores.

Los bajos resultados de la reforma económica nutrieron los cambios en la dimensión política, acabaron de llevar al primer plano la exigencia de un sistema democrático que controlara al gobierno, dándole a la sociedad instrumentos para castigarlo por sus errores. La última década del siglo XX en México estuvo caracterizada por la competencia política. El dominio del PRI, antes incontestado, padeció tres elecciones competidas en 1988, 1994 y 1997, año en el cual el gobierno perdió la mayoría en el Congreso federal. Los partidos de oposición se volvieron de cogobierno. Terminaron el siglo gobernando sobre estados y ciudades cuya población equivale a la tercera parte del país y más de la mitad de

---

[2] Ocho de cada diez créditos que no pudieron pagarse a partir de la crisis de 1995 fueron de personas y familias: hipotecas, coches, tarjetas de crédito.

su capacidad económica, ya que incluía a la Ciudad de México y a los dos estados más ricos de la República, Jalisco y Nuevo León.

El gobierno de Ernesto Zedillo (1994-2000) persistió en las reformas económicas. Abrió también las compuertas de la reforma política pactando reglas democráticas con los partidos políticos que encauzaban la inconformidad ante el viejo régimen. También cambió las reglas de su propio partido, el PRI, que en el otoño de 1999 tuvo sus primeras elecciones primarias para elegir al candidato presidencial, nombrado hasta entonces por el Presidente en funciones. El PRI pareció tomar la delantera, pero no pudo conservarla. Una eficaz alternativa electoral cuya divisa fue el cambio, consiguió hacerle pagar todas sus cuentas históricas y culminar los cambios emprendidos por el PRI con el desalojo del PRI del gobierno.

LA ALIANZA

Los votantes que consagraron la derrota histórica del PRI el 2 de julio fueron los votantes del México moderno. Entre más urbana, educada y joven la población, fue más alta la votación por Vicente Fox. Entre más rural, menos educada y menos joven, más alta la del PRI. Fox obtuvo el 60% de los votos de gente con grado universitario (Labastida, 22%) y el 59% de los votos de estudiantes (Labastida, 19%).[3] Fue un voto de hartazgo del pasado y de apuesta por el porvenir.

La elección del 2 de julio confirmó la existencia de un «nuevo pueblo» en México, el nuevo pueblo que eligió a Vicente Fox. Un pueblo urbano, lejano de los estereotipos rurales o del mexicano

---

[3] Datos del diario *Reforma*, julio 3, 2000.

crepuscular. Al candidato del PAN le dieron el triunfo los hijos de la modernización social de la era del PRI. El PRI se quedó con los votos de la población más vieja y más pobre. Formidable paradoja: los beneficiarios de las décadas de dominación priista no tenían agradecimiento sino hartazgo del sistema en que prosperaron. Los pobres, los desprotegidos, los que nada o poco habían cosechado del régimen priista, siguieron a su lado, fieles a la esperanza de recibir algo.

El triunfo de Fox completa en el ámbito político el proceso de modernización desatado en México por los gobiernos priistas, a partir de 1982. Es un resultado lógico de la modernización venida de las entrañas del antiguo régimen. Una liberalización de la economía y una reforma del Estado como la que emprendieron los gobiernos de México no podía terminar sino en la modernidad democrática. No era indispensable para la democracia que el PRI perdiera la Presidencia. Las instituciones ya eran democráticas: el PRI podía ganar o perder. Lo inevitable era que el PRI llegara a enfrentar en algún momento una contienda electoral sin las ventajas de partido oficial. Llegada esa hora, el PRI perdió y la alternancia en el poder completó el capítulo de la modernidad electoral de México.

Sin compromisos con el viejo régimen, es posible que Fox pueda acelerar el paso modernizador en los demás órdenes. De los contendientes del 2 de julio parecía el más identificado con las reformas realizadas hasta entonces. También con algunas de las reformas pendientes en el ámbito económico: liberalización, desregulación, privatización de la petroquímica, apertura a la inversión privada en el sector eléctrico, reforma fiscal, promoción de la pequeña y mediana empresa.

Hay algo que explicar en el hecho de que el candidato de la oposición panista fuera más partidario de las reformas emprendidas por el gobierno que el candidato presidencial del PRI surgido de ese mismo gobierno. Un asunto a recordar es que las reformas de liberalización de la economía las hicieron los presidentes del PRI en alianza con el PAN. El PAN, en el fondo un partido liberal, votó con el gobierno de Salinas todas las reformas constitucionales necesarias. Los priistas, en cambio, apoyaron esas reformas por disciplina con sus presidentes más que por convicción política.

La convicción mayoritaria de los priistas siguió en las banderas del nacionalismo revolucionario. Los presidentes modernizadores forzaron la mano de su partido para ponerlo al lado de lo que el partido rechazaba: supresión de subsidios, privatizaciones, reconocimiento jurídico a la Iglesia católica, la reforma del artículo 27 que puso fin al reparto agrario, apertura de la economía al libre comercio y Tratado de Libre Comercio con Norteamérica.

La alianza política que permitió esas transformaciones puede verse en las listas de votación del Congreso. A partir del gobierno de Salinas, los presidentes priistas no tuvieron en el Congreso mayoría suficiente para hacer por sí solos reformas constitucionales. Tuvieron que contar con la anuencia de parte de la oposición. La oposición que les dio esa anuencia fue el PAN. Fue la alianza de la Presidencia, la tecnocracia federal y el PAN, la que llevó adelante las reformas. Hay cierta lógica política en que Vicente Fox, el candidato del cambio, pueda ser el Presidente que continúe esas reformas.

RIESGOS DE GOBIERNO

El voto por Fox representa un momento de confianza en el cambio del electorado mexicano. Preguntados los que votaron por Fox sobre las razones de su voto, 66% dijo que había votado «por un cambio»; sólo 28% dijo que por «el candidato mismo». Fox tiene que llenar esa expectativa de cambio, pero su votación no implica un mandato claro, una validación de su proyecto. Se trata sobre todo de un voto de rechazo al PRI y de bienvenida al gran cambio. ¿Pero cuál cambio? Nadie lo sabe. Fox tendrá que ir llenando las casillas de ese horizonte vago y sin embargo esperanzador.

Grandes esperanzas, grandes desencantos. He ahí el primer riesgo del nuevo gobierno: las altas expectativas públicas. ¿Será capaz Fox de cumplir en un plazo breve todo lo que la gente espera? La respuesta es no. En un plazo breve no se puede resolver ninguno de los problemas mayores de México. Quedó resuelto el único que estaba a la mano, el de la transparencia electoral. Los demás requerirán grandes esfuerzos. Pasada la euforia, sigue la realidad. Pero la euforia que fue la bendición del triunfo puede ser la maldición del gobierno.

Riesgos de gobernabilidad del nuevo gobierno son una Presidencia débil con una mayoría frágil en el Congreso, la falta de un consenso nacional claro sobre el rumbo a seguir, la poca profesionalidad del aparato burocrático y el clamor público contra la corrupción, asunto más fácil de denunciar que de combatir, del que depende, sin embargo, la credibilidad del nuevo régimen.

Novedad del Congreso

La naturaleza del régimen político mexicano que resulta de la elección de julio presenta al menos dos grandes novedades. La primera es la alternancia misma, que supone la llegada al poder de una generación desconocida de personas, la mayor parte de ellas sin ninguna experiencia previa en el gobierno nacional. La alternancia supone también una ruptura de las amarras que quedaban del gobierno con el PRI, con los sindicatos y con las otras correas del México corporativo. Estamos frente a una suspensión inaugural del clientelismo de viejo cuño, una suspensión cuya conveniencia pública es evidente pero cuyas reacciones negativas no podemos anticipar.

La segunda novedad es la emergencia del Congreso de la Unión como un poder real y la disminución del peso del poder ejecutivo. Los electores no le dieron la mayoría absoluta a Fox, como se la habían dado a Zedillo en 1994. Tampoco le dieron mayoría absoluta en el Congreso: ni en la Cámara de diputados ni en la de senadores. El 2 de julio arrojó un Presidente más débil ante el Congreso que el que había. Disminuyó el apoyo a la Presidencia.

Se abre para México un escenario de división de poderes y negociación política. El mandato de los electores para todas las fuerzas políticas es que ninguna puede gobernar sin las otras. Todas quedan obligadas a negociar, especialmente las que están en el gobierno. Pero todas tienen algún pie en el gobierno. El primer trabajo de Fox será construir una alianza estable en un Congreso donde el PRI y el PRD, los partidos perdedores, tienen más del 50% de los escaños.

Dada la composición del Congreso puede decirse que México, siendo un sistema presidencialista, va a funcionar en los años que vienen con la lógica de un régimen parlamentario. El poder ejecutivo no pasará ninguna iniciativa si no es a través del Congreso y en ese Congreso tendrá una permanente necesidad de acuerdos que no están construidos de antemano. El gobierno no sólo no tiene una mayoría absoluta, ni siquiera una mayoría relativa para intentar sus reformas.

La victoria de Fox fue contundente pero no aplastante. Los electores lo abrumaron de contrapesos. El PRI pasó a la oposición, no a la desaparición. Obtuvo el 35.7% de los votos, contra 42.7% del ganador. Es la segunda fuerza política del país, conserva el poder en veintiuno de treinta y dos gobiernos regionales, es la primera minoría en la Cámara de diputados y la mayoría en la de senadores. La otra derrota de las elecciones del 2 de julio fue para la izquierda representada por Cuauhtémoc Cárdenas y el PRD (16.5% de los votos). Aunque perdió en todos los frentes, la izquierda ganó otra vez el gobierno de la Ciudad de México, la más influyente y rica del país.

La convergencia de los perdedores, del PRI y el PRD, frente al ejecutivo, es probable. Corrientes centrales del PRI y del PRD comparten hoy las trincheras del nacionalismo revolucionario. Esas trincheras son más una resistencia que una propuesta de futuro. Constituyen una mezcla de valores antiliberales, como la fe en el intervencionismo estatal, el apoyo al sindicalismo corporativo, el rechazo a las privatizaciones, a la globalización, a la economía de mercado. Si PRI y PRD convergen en la oposición, el gobierno de Fox tendrá en el Congreso un dique permanente. El candidato del cambio no podrá hacer cambios legislativos de gran alcance. Por esa vía pueden volverse crónicas situaciones como las que pudieron observarse ya en los últimos años del siglo en el Congreso: por un

41

lado un gobierno de mayoría frágil, por el otro una oposición de mayoría absoluta que no quería gobernar, sino erosionar al gobierno. La consecuencia podría ser que nadie gane, ni el gobierno ni la oposición: un horizonte de empates catastróficos.

La competencia democrática ha destruido la mayoría hegemónica del PRI sin sustituirla por otra. La incipiente democracia mexicana produjo un escenario de mayorías frágiles. No hay una mayoría estable entre los contendientes políticos. En la segunda mitad del siglo XX la Presidencia de la República fue el actor central de la vida política del país. La democracia a la que se asoma México a principios del siglo XXI, fue construida en gran parte acotando los poderes del Presidente y del presidencialismo. A fuerza de acotar el poder ejecutivo, podría haberse llegado en México a la paradoja de tener un poder ejecutivo débil frente a un Congreso dividido, lo cual puede conducir no al buscado equilibrio de poderes sino a la parálisis gubernativa.

El consenso perdido

La combinación de presidencia débil y mayorías frágiles, añade riesgos porque la transición democrática no está sustentada en un pacto explícito sobre las cuestiones que deben ser el piso común para el desarrollo del país. Las dos transiciones exitosas del mundo iberoamericano, la española y la chilena, muy distintas en su contenido, tuvieron este aspecto fundamental: los adversarios se pusieron de acuerdo en unas cuantas cosas que ninguno iba a tocar, y sobre ese acuerdo básico se dieron las transiciones. No es casual. Sobre acuerdos de cosas que nadie toca funcionan todas las democracias modernas.

Se espera de un país democrático una discusión fuerte en torno al acceso al poder, en torno a quien gobierna. Se esperan batallas en torno a las políticas públicas, los énfasis del gasto y los ingresos. Pero no se esperan virajes constitutivos espectaculares como los que se han dado en México en los últimos años: un Presidente decide nacionalizar la banca y la nacionaliza (1982), otro Presidente decide privatizar la banca y la privatiza (1990). Por fortuna, no hay Presidente ya con esos poderes. Las fuerzas políticas no alcanzan a sustituirlo pero tampoco están de acuerdo en cuál es el piso de acuerdos fundamentales sobre los que van a pelear sus desacuerdos. No se asienta aún en México el nuevo consenso nacional de fondo.

Hay una disputa por aspectos esenciales del camino a seguir. ¿México debe ser una economía de mercado sin restricciones o debe mantener su carácter mixto con un Estado que conserva monopolios y capacidades amplias de intervención económica?

Hay una disputa sobre el lugar que debe ocupar el país en el mundo de hoy: ¿México debe mirar hacia el norte desarrollado o hacia el sur, en particular América Latina, donde están sus raíces y sus identidades culturales?

Hay una disputa en torno a la posición que el país debe asumir frente al desafío de la modernidad: ¿México debe seguir los mandatos de la globalización, terminar las reformas pendientes y poner su reloj a la hora del mundo o defender su peculiaridad?

La vigencia de esas disputas puede tener como consecuencia una parálisis en el camino de la modernización de México. La ha tenido ya, por ejemplo, en el ámbito de la generación de energía eléctrica, actividad reservada por ley al Estado. El Estado no puede invertir lo que la industria necesita para satisfacer la demanda. El Congreso litiga y retrasa la reforma que permita la inversión privada en ese campo. La falta de generación de energía eléctrica es ya uno de los cuellos de botella para el crecimiento de la economía.[4] Empates semejantes pueden presentarse frente a nuevas iniciativas de privatización, la reforma fiscal, la reforma a las leyes del trabajo, las reformas a las condiciones educativas o al sistema de salud.

Destruido el viejo establecimiento del Estado corporativo y clientelar, en ascenso las fuerzas de mercado sobre esos retos, el consenso nacional que falta en México es el de la nueva mezcla deseable de Estado y mercado, un acuerdo político estratégico que se irá encontrando por ensayo y error en un marco de litigios persistentes que pueden traer a la naciente democracia mexicana un prematuro baldón de ineficacia gubernativa.

Límites burocráticos

Sobre esta disputa de largo plazo hay una dificultad de co-

[4] Los rezagos de la infraestructura mexicana son muy graves. Requieren urgentes acuerdos políticos que permitan poner manos a la obra. Según el Consejo Coordinador Empresarial, las inversiones de infraestructura requeridas para los próximos diez años son: electricidad, 4 000 millones de dólares; petróleo, 13 000 millones de dólares; gas natural, 400 millones de dólares; agua, 1 800 millones de dólares; carreteras, 2 200 millones dólares; telecomunicaciones, 2 200 millones de dólares; protección ambiental, 500 millones de dólares, y otros 6 100 millones de dólares en varios rubros más. En total, hablamos de 30 000 millones de dólares. Según un documento preparado para el World Economic Forum, en los próximos seis años deberán hacerse inversiones productivas en la industria, el campo y los servicios por 180 000 millones de dólares, si se quieren registrar crecimientos sostenidos cercanos al 7%.

yuntura: el riesgo de la discontinuidad burocrática. Si falta un Presidente que lo conduzca todo y mayorías políticas sólidas que lo sustituyan, si falta además un pacto de élites que dé el acuerdo básico para el futuro, falta también una burocracia que garantice continuidad en el tránsito de gobierno a la hora de la alternancia en el poder. No hay en México una estructura burocrática estable, no hay rutinas de transmisión de los mandos que garanticen que los gobiernos no van a incurrir en graves errores por simple falta de coordinación administrativa.

Buena parte de la crisis de diciembre del año de 1994 tuvo que ver con una deficiente transmisión de los mandos en el área de las finanzas públicas. Hay áreas confidenciales del gobierno que sólo es posible transmitir sobre las bases de pactos previos entre los equipos gobernantes entrante y saliente. La cuestión financiera es una, otra es la cuestión de la seguridad nacional. Todas las secretarías tienen secretos operativos, confidencialidades que es imposible manejar si no se conocen. Pero ninguna de ellas cuenta con equipos que garanticen la continuidad en el manejo de esas cuestiones al más alto nivel. La falta de un servicio civil de carrera es un agujero por el que puede precipitarse el más legítimo, talentoso y bien intencionado de los gobiernos.

Al riesgo de la discontinuidad burocrática hay que añadir el de las inercias corporativas. La mayor de esas inercias es quizá la de la organización sindical del Estado, que incluye algunos de los sindicatos más ramificados y fuertes del país: burócratas federales, burócratas estatales, maestros, petroleros, electricistas, trabajadores de la salud, de las universidades públicas.

Pese a su creciente pluralidad, la red sindical del Estado es un bastión de atraso político por su falta de democracia interna y por su relación clientelar con las autoridades. Son más que organizaciones gremiales, son fuerzas políticas sin cuyo acuerdo es prácticamente imposible transformar su sector. Han sido, además, pilares del régimen priista: deben sentirse inseguros con el nuevo. Es previsible que vivan ante el cambio una fase de forcejeo defensivo. Tienen al menos dos tareas complicadas por delante: acordar los nuevos términos de su relación con el gobierno y contener las oleadas democráticas que brotarán de sus filas, alentadas por el espíritu de los tiempos.

Del forcejeo del nuevo gobierno con los sindicatos del Estado, pueden derivarse fuertes conflictos. Los grandes sindicatos estatales no sirven para ganar elecciones, pero son fundamentales para gobernar. Su capacidad de encabezar los cambios es nula pero su capacidad de impedirlos es enorme. Hoy como ayer, los sindicatos serán fuerzas clave en la negociación política y en la estabilidad del gobierno. Lo serán en un contexto de incertidumbre defensiva frente a un gobierno que está comprometido con el cambio. Basta mirar las propuestas del gobierno de Fox. Hay un sindicato grande casi ante cada proyecto de reforma. El sindicato magisterial frente a la reforma educativa, los sindicatos de electricistas frente a la reforma eléctrica, el sindicato petrolero frente a la reforma petroquímica, los sindicatos de la salud frente a la reforma de la seguridad social, los sindicatos universitarios frente a la reforma de la universidad pública.

Como el PRI, los sindicatos tenían un patrono mayor que era el Presidente de la República. Era una relación compleja, de sumisión y autonomía relativas. Al final del forcejeo los presidentes tenían siempre la última palabra; tenían tambien la capacidad de aplastar a los líderes renuentes. Recelantes, sin patrono que les tuerza la mano desde la Presidencia, los sindicatos tradicionales tendrán mayor autonomía que nunca. Pueden constituirse en una zona de negociación tan complicada como el Congreso.

Un riesgo final de la maquinaria de gobierno se refiere al federalismo. Los nuevos tiempos son regionalistas. El cambio político en México ha venido de la periferia al centro. Parece la hora de una redistribución del poder a los estados. El centralismo ha sido asfixiante, sin duda. Por eso mismo las estructuras de gobierno local, las instituciones públicas municipales y estatales son, salvo excepciones, raquíticas. Apenas cobran impuestos, sus ingresos son abrumadoramente de procedencia federal. El 95% de los delitos impunes que hay en México son del fuero común, es decir, son de jurisdicción estatal. La crisis de seguridad pública de México empieza por la seguridad pública de algunos de sus estados (una crisis también regional: hay estados seguros y otros que dan cuenta de toda la estadística criminal del país).

Los capacitadores de cuadros municipales conocen la indigencia de recursos humanos que abruma a la administración local. Estados y municipios no son todavía, con obvias excepciones, lugares sólidos de administración y buena gestión política. La idea dominante de que el traslado de facultades a las regiones mejorará rápidamente la gestión pública del país es una ilusión. La empeorará, probablemente, antes de que mejore.

Corrupción y credibilidad

Un capítulo aparte que barrena la confianza pública y hace difícil la acción de los gobernantes es la corrupción. Para México la corrupción ha dejado de ser un problema folclórico. Es el mayor motivo de irritación nacional y una fuente de descrédito en el mundo. Midiendo la corrupción de funcionarios, Transparency International dio a conocer en octubre del año 2000 su Índice de Percepciones de Corrupción para 90 países. México ocupó el lugar 59 con una calificación de 3.3. Dentro de América Latina, salieron mejor calificados Chile, Costa Rica, Perú, Brasil y Argentina.

El México democrático tendrá que actuar en esto hacia delante y hacia atrás. Hacia atrás, reparando agravios públicos por corrupción; hacia delante, estableciendo nuevas reglas. Si no obtiene rápidamente en ambos frentes un resultado, la credibilidad del gobierno se verá en entredicho y el encantamiento democrático podría volverse su contrario. La encuesta del milenio de Gallup que entrevistó a 56 mil personas en 60 países comprobó que la desilusión con la democracia crece en los ciudadanos ante la evidencia de corrupción pública.

Para limpiar hacia atrás, México cuenta con una tradición detestable. No han faltado en México campañas contra la corrupción. Pero el problema de esas campañas ha sido la corrupción misma: la lucha contra la corrupción ha sido utilizada como forma de venganza política. Desde los setenta, sin faltar gobierno, han existido grandes escándalos de corrupción, grandes presos célebres ofrecidos al público como prueba de que el gobierno en turno no será corrupto como el anterior. El siguiente gobierno ha encontrado sus propios chivos expiatorios y encarcelado a grandes corruptos del gobierno anterior.

Como lo demuestran los índices de Transparency International, los castigos politizados a la corrupción no han atacado el fondo del problema. Es un problema que pide control y vigilancia pública, más que castigos ejemplares. Según Transparency International la corrupción desciende conforme los países tienen mayores índices de libertad de prensa y más libre acceso a la información gubernamental. La lucha contra la corrupción es una consecuencia de la madurez institucional y de la vida democrática de los países. Como lo demuestra el caso de México, no se avanza gran cosa con escándalos purificadores. Lo que se necesita son reformas institucionales y mecanismos de vigilancia pública, no nuevas hogueras de revancha sexenal.

El cambio del 2 de julio del año 2000 sucede sobre un telón de cambios. En el último cuarto de siglo México ha cambiado la naturaleza de su economía y de su política. Los costos han sido altos y los resultados magros, todavía.

La sociedad ha optado por la alternancia en un aluvión de optimismo. Espera grandes cosas del cambio, pero ha dibujado un régimen político de Presidencia débil y mayorías parlamentarias frágiles que podrían dar lugar a empates catastróficos a la hora de ejercer el gobierno. Riesgos adicionales son la falta de un consenso claro sobre el rumbo que debe seguir el país, la poca solidez de la estructura burocrática, las resistencias sindicales, la pobre administración local y el clamor contra la corrupción, que frena la credibilidad de la ciudadanía frente al gobierno.

Muchas cosas han cambiado y muchas no. Dedico el siguiente capítulo a explorar algunas de nuestras inercias, un mapa de lo que no cambió, cambió poco o empeoró en el camino.

II
Las inercias

Herencias

Lo que no cambia es una parte importante del cambio. El telón de fondo de las revoluciones suele durar más que el remolino revolucionario en escena. Las inercias de la transición democrática son tan importantes como la transición, duran a través de ella, son herencia que los nuevos tiempos no pueden sacudirse con fechas fundadoras ni gestos inaugurales.

La cuenta histórica del viejo régimen está por hacerse. Se ha vuelto políticamente incorrecto en México reconocer algún logro a los regímenes priistas. La lista de los pecados es larga: corrupción, control autoritario de la sociedad, presidencialismo faraónico, abundante guiñol político, ceguera demográfica, irresponsabilidad fiscal, maridaje de política y delito. Sus virtudes pueden empezar a reconocerse: negociación, realismo, tolerancia, astucia, profesionalismo, sentido práctico, laicismo. Lo que pueda haber de modernidad, desarrollo y buen tejido institucional en el México de hoy, es atribuible, en gran parte, a la gestión de gobiernos priistas.

Los ancestros del PRI son responsables de la institucionalización de la violencia revolucionaria. El régimen político postrevolucionario le dio al país estabilidad y cohesión durante la mayor parte del siglo XX. En la era del PRI se produjo la integración física de la nación: la red de comunicaciones terrestres, aéreas y electrónicas que lo cruzan hoy de lado a lado. En esos años fue erigido el sistema de educación pública que sirve a 25 millones de mexicanos; también la red pública de salud, que cubre a casi toda la población. A la era del PRI hay que apuntar la continuidad de la política cultural que ha creado la abrumadora mayoría de universidades, politécnicos, zonas arqueológicas, museos, orquestas y casas de cultura que hay en México. Puede apuntarse a su cuenta el proceso de industrialización arrancado en los años cuarenta y el de apertura de la economía de los años noventa.

México es el escenario de una transición inacabada, mezcla de inercias deformes con novedades sin rostro definitivo. La desestatización del país no trajo consigo una nueva institucionalidad democrática del Estado. La privatización de empresas públicas no trajo la eficacia económica esperada; trajo, en cambio, rescates gubernamentales escandalosos de empresas privatizadas, como la banca. A una pirámide social cuya marca de siglos es la desigualdad, se añadieron empobrecimiento y concentraciones plutocráticas. La desarticulación del control estatal dejó abierto un campo al crecimiento de la violencia en todas sus formas.

Al mismo tiempo, México celebró por primera vez en su historia elecciones libres. La competencia política y la alternancia en el gobierno se instalaron como hechos diarios, junto con una completa libertad de prensa. Una vanguardia de empresas muestra productividad de rango internacional: el país se ha vuelto una potencia exportadora. Las reformas modernizantes han arraigado en horizontes prometedores de finanzas públicas sanas, libre comercio, certidumbre de propiedad en el campo, libertad política a las iglesias, reforma del sistema de pensiones. La descentralización de la vida nacional ha dado grandes pasos en el ámbito educativo, tanto como en el de la salud.

El nuevo gobierno de Fox recibe un país que ha tenido grandes cambios. Para empezar, se trata de un país con elecciones libres, políticamente equilibrado, con libertades democráticas e instituciones sólidas. Es un país sano en sus finanzas públicas, con un tipo de cambio estable y una inflación a la baja. Un país que está creciendo a tasas altas, abierto a la competencia mundial con una economía exportadora en auge, y tratados de libre comercio con los dos mayores agrupamientos económicos del mundo: Norteamérica y la Unión Europea. Un país con prestigio internacional, expresado en todos los órdenes, por igual en los grandes diarios del mundo que en las reacciones de los mercados financieros.

No es poca herencia. Tal como lo dijo en su primera conferencia uno de los coordinadores económicos del nuevo gobierno: «La situación del país se encuentra mucho mejor de lo que jamás fue en términos de las transiciones y los procesos de transición de gobierno». La lista de lo que no ha cambiado o ha cambiado para mal es también grande. Desigualdad, ilegalidad, inseguridad, endemia fiscal, presión demográfica, son herencias viejas de compleja solución: inercias vivas del pasado sobre el futuro abierto de México. Revisaré en las páginas que siguen esas inercias, empezando por la más resistente de todas: la desigualdad.

La desigualdad

México es el país número 11 en población del mundo, el 14 en territorio y el 16 en producto interno bruto. Es el primer productor mundial de plata y el sexto productor de petróleo. Tiene, sin embargo, el lugar 35 en ingreso *per capita* y el lugar 41 en inversión interna bruta. Esto quiere decir que produce poco por persona y que no está poniendo las bases para producir más en el futuro.

La distribución del ingreso es una de las peores del mundo. El 10% de los hogares más pobres capta el 4% de la riqueza nacional. El 10% más rico se queda con el 55.3%. Las mujeres retienen la cuarta parte de la riqueza producida. Los hombres, las tres cuartas partes.

El promedio nacional de educación es de 7.2 grados de instrucción. En el medio rural este índice puede bajar hasta la mitad, porque en el campo casi el 60% de la población no ha recibido instrucción alguna o no termina la primaria. Debido a estas inequidades México ocupa el lugar 50 en el índice de desarrollo humano, que mide la calidad de vida, y el lugar 59 en el índice internacional de corrupción, que mide las percepciones de los propios habitantes sobre la índole moral de su gobierno.[1]

La opinión pública de México se duele de la desigualdad del país pero no ha hecho de ese tema un compromiso inaplazable de la vida pública. Antes se volvieron mandato nacional las cuestiones de la democracia que las de la desigualdad. Hoy pasan a ocupar el primer plano de la atención nacional los asuntos vinculados a la seguridad. La desigualdad tendrá que esperar nue-

[1] Las cifras en *México social*, Banamex, México, 1996.

vamente su turno. Los esfuerzos gubernamentales en ese sentido no gozan de aceptación en la opinión pública.

No recuerdo un solo programa gubernamental orientado a combatir la pobreza, que no haya nacido y muerto en medio de rechazos venidos de todos los flancos de la sociedad. Al mismo tiempo, ni los críticos ni la sociedad han sido capaces de crear programas alternativos que mostraran el camino de lo que ellos querían o de lo que el país necesita en la materia. Desde los viejos programas PIDER (inversión para el desarrollo rural) de los años setenta, pasando por el Coplamar (atención a zonas marginadas) de los ochenta hasta el Pronasol y el Progresa de los noventa, los programas gubernamentales de combate a la pobreza han tenido mala prensa. Se subrayaron sus excesos y se invisibilizaron sus logros, al tiempo que había un reclamo al gobierno, en particular desde la izquierda, por su falta de política social.

Una confusión prevaleciente en el juicio sobre estos programas es que pueden descalificarse en bloque porque no dan resultado. La pobreza no sólo no desaparece sino que tiende a agravarse en el país. No suele ponerse en la balanza el peso de otros factores, como el ritmo de crecimiento demográfico en regiones pobres. No suele hacerse tampoco la cuenta de cuánto más graves serían las cosas si no hubieran existido esos programas ni las instituciones educativas, de salud y bienes subsidiados que son parte cotidiana de la política social del Estado. En todo caso, la paradoja de opinión pública que me interesa subrayar sigue ahí: hay pocos reclamos tan presentes en la sociedad civil y la prensa como el reclamo contra la desigualdad. Pero pocas cosas han sido tan criticadas como los esfuerzos gubernamentales para responder a ese reclamo. En materia de política social, la opinión pública actúa a veces como la madre desmesurada que tira por la ventana al niño junto con el agua sucia de la bañera.

Puede haber un error de principio en el corazón de estos programas asistenciales. Responden a la pregunta equivocada, ¿cómo atacar la pobreza?, en vez de a la pregunta correcta, ¿cómo crear riqueza? En todo caso, quien mire hacia la desigualdad mexicana aprenderá a no hacerse ilusiones sobre el futuro social de México.

Si lo que México anda buscando para el siglo XXI es volverse un país democrático, próspero y equitativo, está más cerca de ser un país democrático que un país próspero. Y será antes un país próspero que un país equitativo. México es ya, en muchos aspectos, un país democrático, sin ser todavía un país próspero. Si a México le va bien, si encuentra al fin un camino al crecimiento sostenido, tardará una década en volverse un país próspero. Pero tardará no menos de una generación, tres o cuatro décadas, en acortar los abismos de desigualdad en que sigue detenido, para volverse la sociedad equitativa que quiere ser.

En el largo plazo, ninguna sociedad puede reproducirse virtuosamente sin emparejar sus niveles de vida y acortar sus desequilibrios sociales. No es por filantropía que hay que tener un país menos desigual, más homogéneo. Es para darle viabilidad al país mismo: viabilidad económica, viabilidad de mercado, viabilidad de cohesión social. Para hacer viables a los países en el largo plazo hay que disminuir las desigualdades dando oportunidades a todos.

Al paso de los siglos siguen sonando actuales las palabras escritas por Humboldt a principios del siglo XIX:

> México es el país de la desigualdad. Acaso en ninguna parte la hay más espantosa en la distribución de fortunas, civilización, cultivo de la tierra y población... La capital y muchas otras ciudades tienen establecimientos científicos que se pueden comparar con los de Europa. La arquitectura, los edificios públicos y privados, la finura del ajuar de las mujeres, el aire de la sociedad: todo anuncia un extremo de esmero que se contrapone extraordinariamente a la desnudez, la ignorancia y la rusticidad del pueblo común.

LA ILEGALIDAD CONSENTIDA

Crear un «país de leyes» —un país donde se cumplan las leyes— es un viejo propósito de los gobiernos de México. Un viejo fracaso, también. Desde su fundación independiente, las obligaciones y derechos de la ciudadanía legal de México no han logrado coincidir con los comportamientos de la ciudadanía real. La causa original de esa distancia es que la nación jurídica adoptada en México durante el siglo XIX era distinta a la nación creada por su historia. La nación adoptada se inspiraba en el credo liberal, la Ilustración, la Revolución francesa y la democracia estadounidense. Era distinta a la nación de tradiciones señoriales, monárquicas y corporativas que México había adquirido durante su larga incubación colonial, en los tres siglos de la Nueva España.

59

Al terminar el siglo XX, los mexicanos seguimos presos de aquel desencuentro que enloquecía a nuestros grandes pensadores decimonónicos, José María Luis Mora y Lucas Alamán. Por razones inversas, Mora y Alamán lamentaban que las leyes del nuevo país no coincidieran con sus costumbres. Una cosa decían las leyes, otra cosa hacía la sociedad. Mora, el reformista, deploraba la ausencia de *costumbres* que pudieran dar sustento cívico a las leyes liberales en que creía, pensadas para regir una república federal, democrática, de ciudadanos prósperos, ilustrados e independientes.

Alamán, el conservador, quería más bien lo contrario: adecuar las leyes a las costumbres vigentes, fundar la nueva nación sobre el riel de sus continuidades, reconociendo la fuerza histórica de la herencia colonial: los hábitos políticos monárquicos, la religiosidad católica, el vasto tejido de equilibrios, derechos y privilegios corporativos en que estaba fundado el antiguo orden.[2]

La causa liberal ganó el pleito histórico entre la reforma y la conservación. Su triunfo hizo más largo el camino hacia el «país de leyes». En vez de tener leyes conservadoras ajustadas a las costumbres, hubo que crear las costumbres modernas que dieran sustento a las leyes liberales. Creando esas costumbres democráticas, republicanas, industriosas, en un país monárquico, precapitalista y corporativo, pasó México la última mitad del siglo XIX y todo el siglo XX, desde la promulgación de la constitución liberal de 1857.

---

[2] Debo la comparación de Alamán y Mora en este punto a Fernando Escalante Gonzalbo en su libro *Ciudadanos imaginarios*, El Colegio de México, 1992.

La primera costumbre nueva que el país adquirió fue negociar el cumplimiento de sus leyes. El gobierno no podía aplicarlas del todo sin afrentar a su sociedad y quedarse solo en la cúspide, de espaldas a sus gobernados. Se vio obligado a tolerar la ilegalidad como un compromiso pragmático con el orden, pero mantuvo vigentes las leyes violadas con un propósito «civilizador» —crear las costumbres modernas requeridas—. También con un propósito político: conservar en sus manos un instrumento discrecional para el ejercicio de la autoridad frente a intereses, ciudadanos o movimientos particulares. La negociación de la ley es una de las inercias fundamentales del México moderno. Hay que llenar con soluciones prácticas de gobierno el abismo histórico que existió siempre entre el país legal y el país real. Negociar la ley fue una manera de hacer gobernable en los hechos lo que era imposible sujetar a las previsiones de la ley. La ley se usaba para todas las cosas, hasta para cumplirla. La medida de la legitimidad era la eficacia. Junto al código escrito que podía servir o no, estaba vigente siempre el código no escrito, más o menos claro para todos, que regía en verdad los asuntos públicos.

La aplicación estricta de la ley significaba entonces lo que significa todavía en México: una severidad difícilmente tolerable para las costumbres vigentes, una suspensión del pacto de ilegalidad consentida en el que estaba y está fundada la vida diaria de muchos mexicanos, demasiados para proceder legalmente contra ellos sin hacer estallar el país.

A cuenta de la estabilidad política que garantizó por décadas, el moribundo régimen priista hereda al porvenir tantas ilegalidades que hace nuevamente necesaria la legalidad negociada del siglo XIX. La aplicación sin excepciones de la ley, es imposible o suicida en el México de principios del siglo XXI. Significaría meter a la cárcel, por evasión de impuestos, a todos los mexicanos que viven de la economía informal —una tercera parte de la población activa—. Significaría consignar por robo o despojo, a la abundante población urbana asentada en terrenos ilegales, y a la voluminosa población rural que espera, en posesión ilegítima de terrenos invadidos, la palabra absolutoria de la autoridad. Un país de leyes tendría que encarcelar a los miles de campesinos que siembran mariguana, no sólo a sus patrones y compradores. Tendría que sacar de las calles a los vendedores ambulantes, en vez de oír sus demandas. Tendría que dispersar con la fuerza pública a los contingentes de protesta que a menudo bloquean vías generales de comunicación. Etcétera.

Hoy como ayer, un gobierno dispuesto a aplicar estrictamente las leyes, tendría que perseguir a una cantidad imposible de mexicanos. El país nada en ríos de ilegalidad. Además, tiene la falta de respeto a la ley incrustada en el corazón de las creencias ciudadanas. No es sólo que las autoridades no hagan cumplir las leyes. Muchos ciudadanos tampoco están dispuestos a acatarlas. En un informe sobre la cultura política del país de 1994, se les preguntó a los mexicanos si las leyes debían ser respetadas en todos los casos. Casi una tercera parte de los encuestados dijo que las leyes sólo deben respetarse si son justas. La misma pregunta hecha telefónicamente en 1999, mostró que 49% de los entrevistados creían lo mismo: las leyes no deben obedecerse si son injustas.[3]

---

[3] *Los mexicanos de los noventa*, Instituto de Investigaciones Sociales / UNAM, México, 1996. Véase «Cuadro 1.5: Obedecer la ley». La cultura de la ilegalidad

Pero ¿quién decide si las leyes son justas? Nadie, cada quien. Millones de mexicanos se erigen en jueces de cuáles leyes deben o no obedecer. Es una vieja tradición: obedecer parcialmente las leyes, negociar su cumplimiento, tolerar la ilegalidad, justificarla por razones económicas, políticas o prácticas. Es alta la ambigüedad de la cultura política mexicana ante la ley, su fascinación por los hartazgos ciudadanos y las vías justicieras de hecho. De un lado, hay un intenso reclamo público por la aplicación estricta de la ley. Por otro lado, ciertas ilegalidades tienen en la sociedad un encanto político que induce a disculpar su carácter delictivo porque las causas que las inspiran parecen justas.

El tema de la causa justa y la ley injusta puede debatirse interminablemente. Lo indudable es que, mientras persista en el ánimo colectivo la ambigüedad ante la aplicación de la ley, no habrá en México un verdadero estado de derecho. Mientras esa ambigüedad subsista, la aplicación de la ley estará subordinada a la negociación. La justicia o la injusticia seguirán siendo, como han sido hasta ahora, un resultado de la influencia, la presión, la opinión pública o la conciliación de intereses.

Durante muchas décadas, el autoritarismo benigno que caracterizó la vida política de México resolvió las cosas por encima o por debajo de la ley. Con mayor o con menor sentido, pero de forma inapelable, la autoridad decía qué era lo justo y qué era lo injusto, quién era culpable y quién no. Era un procedi-

---

puede ir más allá. «El valor y la observancia de los valores adquiridos», revista *Educación 2001*, no. 54, noviembre 1999.

miento arbitrario, pero eficaz para repartir las decisiones de justicia en el país.

Aquel sistema autoritario se ha erosionado en su transición a la democracia. Tenemos ahora un sistema en el que la autoridad no decide ni puede decidir con la discrecionalidad, o la fuerza de antes. El horizonte de un sistema democrático al que México ha ingresado ya, sólo puede regirse por la igualdad ante la ley. Pero la aplicación de la ley se enfrenta a la inercia de la cultura de la ilegalidad.

La costumbre de la legalidad negociada, la visión de la ley como un terreno de acuerdos, excepciones, influencias y discrecionalidades, es uno de los nudos fundadores de la cultura política del país. Se mantiene viva en ella al terminar el siglo XX. Crear un país de leyes significa arrancar esa costumbre de un sector todavía amplio de la sociedad mexicana. Significa arrancarla también de sus reflejos políticos profesionales, largamente construidos en siglo y medio de prácticas inveteradas. ¿Es posible?

Es más posible hoy de lo que era al momento del triunfo de la causa liberal, hace ciento cuarenta años. Algo de las costumbres democráticas, ilustradas, federalistas e industriosas que añoraba Mora se han creado en siglo y medio. México es más parecido hoy a la utopía liberal que lo fundó legalmente en 1857. El problema es que el único referente estable en una democracia ha de ser la igualdad de derechos y obligaciones ante la ley. Y es ese referente el que está sujeto a sospecha en el corazón de la cultura política mexicana. Sin una cultura de respeto a la ley es imposible construir una sólida institucionalidad democrática.

64

INSEGURIDAD Y VIOLENCIA

México terminó el siglo XX sin que su transición democrática resolviera una cuestión central del Estado: el control de la violencia. Durante los años noventa, se creó en México una situación propicia a la violencia porque la autoridad no pudo contener la que brotó en su territorio. No pudo castigar esta violencia porque era un Estado político en profundo cambio; había alterado los acuerdos básicos para ejercer la violencia en nombre de la sociedad. La sociedad estaba alterada porque su viejo modelo exitoso de crecimiento con estabilidad había encontrado un límite. El nuevo modelo adoptado había fracturado las correas de transmisión del poder y desafiado los consensos sociales básicos.

Al no generar consensos para regir sobre una sociedad, la política dejó de ser fuente de estabilidad y abrió un pequeño espacio para que asomara por ahí el estado de guerra permanente de que nos habla Hobbes, el mal que sólo pueden curar la política y el Estado.

Según Max Weber el Estado es la entidad que ejerce el monopolio legal de la violencia sobre su territorio. Cuando los sistemas políticos se debilitan, cuando pierden la legitimidad que les permite monopolizar la violencia legal, cuando los acuerdos básicos de una sociedad se transforman sin que nuevos acuerdos los suplan, entonces surgen en las sociedades discordias no negociables, focos de violencia criminal, social o política, cuya expresión extrema es la guerra civil.

El cambio estructural de México le quitó al Estado la legitimidad de los consensos básicos para ejercer el monopolio de la violencia sobre su territorio. No fue una crisis total, por eso no hay en México una guerra civil. Pero fue una crisis aguda de seguridad pública que por momentos llegó a tocar los fundamentos del Estado.

El control de la violencia en México quedó resuelto históricamente después de la Revolución de 1910-17. A lo largo de los años veinte, una fracción se impuso a las otras, se hizo del poder nacional, sofocó rebeliones y estableció un gobierno sólido cuya obsesión fue garantizar la paz, contener la violencia. Durante los años cuarenta y cincuenta, los gobiernos de México parecían tener resuelto el problema de la seguridad. Se dedicaron a atender otras cuestiones: la industrialización, la alfabetización, el equilibrio financiero, prioridades muy importantes todas ellas, pero que tienen poco que ver con la tarea fundamental del Estado, que es la seguridad. El problema de la seguridad parecía resuelto.

Los gobernantes de los últimos lustros lo pusieron en segundas manos, descuidando la atención directa de su responsabilidad primera como conductores del Estado. Desde 1976 hemos visto presidentes ocupados personalmente en muchas cosas —la economía, el petróleo, la reforma electoral, la inflación, la modernización, las elecciones, la deuda pública, las privatizaciones, el comercio—. La seguridad fue puesta en un saco aparte para no ocuparse demasiado de ella. Pero la seguridad es el primer servicio que debe prestar el Estado. Su descuido ha costado el avance de las más amenazantes realidades: narcotráfico y violencia, rebeliones y guerrillas, magnicidios, secuestros, ciudades sitiadas por la inseguridad.

La seguridad es asunto de mala fama pública. Luce poco cuando se tiene y descansa en cosas tan poco agradables como el uso de los instrumentos represivos de la autoridad. Es una actividad oscura y violenta, aunque sea legal. Los gobernantes no quieren saber mucho de estos asuntos, tienden a ponerlos en segundas manos. En el año 2000 sólo uno de los 32 gobernadores de México se ocupaba personalmente del tema de la seguridad. Este desplazamiento del problema central del Estado de las primeras a las segundas manos, es uno de los orígenes de la crisis de seguridad pública, de la corrupción de los cuerpos policiacos y del ascenso de los hechos violentos sin castigo.[4]

Se denuncian en México cada año un millón y medio de delitos. Se consignan 249 mil infractores. Cuatro de cada cinco delitos quedan impunes. En 1997 se cometieron 19 mil homicidios en México: 17 mil no han sido aclarados. En el mismo año España registró 335 homicidios, de los cuales 13 han quedado impunes. Siguiendo el axioma criminológico según el cual *Crimen que no se castiga, se repite*, dada la impunidad de la violencia que persiste en México, la violencia no puede sino repetirse.

La acumulación de violencias incontroladas dio saltos con el asesinato del cardenal Posadas en Guadalajara, a finales de 1993, el alzamiento de Chiapas en enero de 1994 y el asesinato de Luis

---

[4] Es larga la historia de jefes de la seguridad pública y comandantes policiacos que acaban resultando delincuentes, socios de delincuentes, padrinos de la delincuencia organizada. Todos ellos han pasado de los más altos puestos en la seguridad pública a la cárcel. En los años ochenta, el jefe de la policía capitalina, Arturo Durazo Moreno. En los años noventa, el director de la seguridad nacional, José Antonio Zorrilla, y el general encargado de las cuestiones de narcotráfico, Jesús Gutiérrez Rebollo. Es difícil pensar una secuencia más indicativa del desplazamiento de la cuestión central del Estado a segundas manos, y sus consecuencias.

Donaldo Colosio, candidato presidencial del PRI, en marzo de ese mismo año. Dos meses después del asesinato de Colosio, en mayo de 1994, el índice delictivo general aumentó casi un 11%, luego de cinco años de disminución de los delitos. Desde entonces, la oleada no se ha detenido.[5]

Los expertos atribuyen el aumento de los índices delictivos a la corrupción de las corporaciones policiacas. Subrayan que el gobierno ha minimizado el problema, planteándolo como una cuestión técnica o dando respuestas legales sin tocar su meollo político y moral, esto es, el saneamiento de los cuerpos policiacos.

La distribución temporal de los datos delictivos apunta hacia otra causa menos tangible pero tan decisiva como la anterior: la erupción de la violencia en el año de 1994 rompió un umbral que no ha sido restaurado. Los magnicidios de ese año, así como la aparición de la violencia guerrillera en Chiapas, rasgaron el tejido de la seguridad pública, echaron sobre el país un mensaje de impunidad que no pudo sino producir delitos. Por ese umbral roto siguieron saltando los sótanos del crimen a las primeras planas de los periódicos y los temores de la inseguridad al primer plano de la conciencia ciudadana. Los sóta-

---

[5] Según los índices delictivos de la *Agenda de Seguridad Pública*, órgano de difusión del Instituto Mexicano de Estudios de la Criminalidad Organizada, el número de delitos se ha más que duplicado en veinte años. Se han registrado años catastróficos, como el de 1983, en que los delitos crecieron 53%. Pero nunca se habían presentado cuatro años consecutivos de incrementos delictivos como a partir de 1994. En 1994 se produjo un aumento del 18% con relación al año anterior. En 1995, un aumento del 34%. En 1996, del 13%, y en 1997, del 1.38%.

nos salieron a la superficie; sus figuras, siniestras y magnéticas, crecieron hasta ocupar la imaginación de todos.

El descuido de la seguridad pública es una de las más perniciosas herencias del viejo régimen. El Estado que no puede ofrecer seguridad acaba no ofreciendo nada. De poco servirán economías pujantes, inflaciones bajas, ambiciosas políticas sociales si no descansan en una malla de seguridades públicas efectivas. La inseguridad se llevará, tarde o temprano, los logros en los demás órdenes.

Está destruida la antigua seguridad pública fundada en la impunidad, la corrupción y la ilegalidad sistemática conque suelen garantizar ese bien los regímenes autoritarios. Ahora tenemos una sociedad más democrática, al tiempo que un sistema de seguridad pública menos capaz de garantizar esa seguridad con apego al estado de derecho. La seguridad pública se ha vuelto un problema de seguridad nacional. Es uno de los cambios más inquietantes de la transición política: la pérdida de seguridad en medio de una ganancia de libertades públicas. México es un país más democrático pero más inseguro que antes.

LA ENDEMIA FISCAL

Un villano invisible de los males de México es el déficit fiscal crónico que el país arrastra desde su fundación. Es una herencia persistente, tan difícil de remontar como la desigualdad o la ilegalidad acumulada. A principios del siglo XIX, el primer gobierno de la nación mexicana, el de Agustín de Iturbide, se desplomó en medio de una crisis de finanzas públicas: muchos gastos, nulos ingresos. México terminó el siglo XX con una de las cargas tributarias más bajas del mundo: el 11% del producto interno bruto (más 4% de ingresos provenientes del petróleo). Es un promedio de tributación muy bajo si se compara con el de países parecidos a México en su grado de desarrollo: 17.8% en Chile, 18.6% en Brasil, 20.6% en Malasia y el 27.6% en Uruguay.

Los pocos periodos de estabilidad política con crecimiento económico que México ha tenido hicieron descansar sus equilibrios en un control férreo del gasto gubernamental. Con el tiempo, la falta de inversión pública de esos periodos llevó a crear cuellos de botella en la economía y a acumular carencias sociales.

A fines del siglo XIX, la economía registró un equilibrio de veinte años, pero la baja inversión pública produjo una sociedad desigual con 70% de analfabetas. Las tensiones sociales acumuladas se hicieron visibles en el estallido de la revolución de 1910. Algo semejante pasó con el desarrollo estabilizador de los años cincuenta y sesenta del siglo XX. La salud de las finanzas públicas se logró en parte posponiendo inversiones sociales para una población en crecimiento. La reacción a ese periodo de control del gasto fue el ciclo de políticas expansionistas de los años setenta que terminaron en una crisis mayúscula de finanzas públicas: déficit del gobierno, deuda externa, devaluación, inflación, estancamiento.

Uno y otro extremo descansaban en la misma debilidad de fondo: el Estado no recaudaba impuestos suficientes para atender las necesidades de infraestructura física y mejoría de su población. Era un Estado de gran fuerza política aparente, indesafiable en su sistema de partido único. En realidad, era un Estado tremendamente débil, sin capacidad de hacer sus tareas básicas: cobrar impuestos y aplicar la ley. Las causas de esta debilidad persistente de la historia de México son complejas. Remiten finalmente a toda la trama de la economía y la sociedad mexicanas.[6]

La concentración del ingreso en una capa pequeña de la población vuelve a ese sector extraordinariamente poderoso a la hora de resistir la tributación fiscal. El Estado concentra sus baterías recaudatorias en ese pequeño sector y en las clases medias cautivas. Pero sostiene regímenes especiales de tributación. No ha podido universalizar las cargas fiscales, ni combatir eficazmente la evasión del pago de impuestos. Tolera una gran zona de economía informal, detrás de la cual se esconden márgenes enormes de evasión. Un banco que se quedó con una fábrica de medias quebrada, hizo rentable la empresa en un mes. Descubrió que la fábrica vendía la mitad de su producción a través de vendedores de la economía informal. Toda la ganancia de ese circuito iba para los dueños y no pagaba impuestos. La fábrica estaba quebrada porque la mitad de sus ingresos no se registraba para evadir el pago de impuestos.

La estructura política del Estado mexicano ha sido básicamente corporativa desde su fundación colonial. De ahí tantos regímenes de excepción, más propios de una sociedad feudal que de una sociedad capitalista. La legitimidad política de ese Estado, además, no fue nunca plena porque no nacía del veredicto democrático de la sociedad. No se estableció una relación transpa-

---

[6] Carlos Elizondo y Blanca Heredia, «Vivir sin impuestos», *Nexos*, febrero 1999. Carlos Elizondo, «El reto interno: balance fiscal en un contexto democrático», *Este país*, marzo 1999. Luis Salazar, «Razones y sinrazones del presidencialismo», *Nexos*, abril 1999.

rente de gobernante y gobernado, sino una relación negociada, de trajes hechos a la medida. El Estado resultante de la transacción corporativa es débil para cobrar impuestos a todos y fuerte para cobrárselos a quien quiere.

Se trata de un Estado que gasta mucho más de lo que cobra. El Estado cobra menos impuestos de los que puede y debe cobrar. Mejor dicho: cobra mucho a pocos y nada a muchos. Es leonino en el cobro de algunos impuestos, como el de la gasolina o el de productos que siguen considerándose suntuarios (automóvil, teléfono). Cobra también muy caro por la creación de un empleo dentro de la economía formal. Pero no cobra impuestos a una tercera parte de la población económicamente activa que está en la economía informal. Están exentos de cargas tributarias los alimentos y las medicinas. A cambio, el gobierno se ha gastado en hospitales públicos las pensiones de tres generaciones de trabajadores mexicanos. Las fugas, las bajas tarifas, los robos de energía, los adeudos incobrables de grandes consumidores, tienen a las compañías eléctricas de propiedad pública en jaque permanente, con altas cuentas por cobrar. Algo peor sucede con el agua. De los 380 mil usuarios registrados, sólo pagan 15 mil, menos del 5%.

El presupuesto federal tiene que alimentarse en un porcentaje muy alto, alrededor del 35%, de los ingresos que aporta su empresa petrolera, Pemex, a través de los impuestos especiales y de la toma por el gobierno federal de las utilidades de la empresa. Si las utilidades de Pemex no existieran, como no existían antes del auge petrolero de los setenta, el gobierno federal no podría hacer frente a más de la tercera parte de sus gastos. Ése es el tamaño verdadero de su déficit: lo que no puede pagar con los impuestos que cobra.

Desde la eclosión del gasto público de los años setenta, el déficit presupuestal ha sido el hoyo negro de las finanzas del gobierno y, a partir de ellas, del resto de la economía. En materia de finanzas públicas se han emprendido todas las modernizaciones sin tocar lo fundamental. Me refiero al déficit crónico de un Estado que tiene compromisos institucionales y obligaciones políticas muy por encima de sus recursos. Ésta es la piedra de toque de nuestros males económicos de las últimas tres décadas: deuda, inflación, devaluaciones, bajo crecimiento.

La manera sana de resolver este problema es reducir los compromisos públicos del Estado o pagarle los impuestos suficientes para que los cumpla. Se puede tener un Estado barato con pocas obligaciones o un Estado caro con muchas. En México pretendemos tener un Estado barato con muchas obligaciones. El Estado mexicano está obligado a gastar como millonario, pero colecta impuestos como mendigo. Un Estado con demasiadas obligaciones y pocos recursos termina siendo un Estado irresponsable que hace pagar después, carísimo, a su sociedad, lo que no le cobró a tiempo.

Éste es el fondo de nuestra crisis de finanzas públicas, lo mismo si hablamos de gobiernos «populistas», que si hablamos de gobiernos «neoliberales». En materia de cobrar impuestos, no han sido gobiernos serios ninguno de los dos. Sus finanzas públicas, por lo mismo, no pueden ser serias, salvo en sus crisis recurrentes.

Mientras esa penuria fiscal crónica no se resuelva, los males crónicos de nuestra vida pública seguirán ahí. El villano invisible tiene dos cabezas: el Estado que no sabe cobrar y el ciudadano que no quiere pagar impuestos. Los dos tienen razones históricas para ello; los dos pagan caro su omisión. El precio de la omisión es un país que no puede aspirar seriamente a la prosperidad sostenida.

El Estado es especialista en no cobrar lo que debe cobrar para evitar costos políticos con los pagadores. La proclividad a no cobrar en el Estado, induce la actitud de no pagar en la sociedad. Todos somos de algún modo clientes y víctimas del Estado deficitario. No queremos pagar lo que cuesta nuestro gobierno. Por eso tenemos un Estado en quiebra que, a la larga, simplemente nos cuesta más.

La omisión demográfica

El 11 de julio de 1995 el presidente Ernesto Zedillo anunció una corrección estructural de la agenda gubernamental mexicana: la readmisión de las políticas de planificación familiar para reducir el crecimiento demográfico. Luego de impresionantes logros demográficos durante los años setenta, el Estado apagó las luces rojas en la materia durante el decenio siguiente. Los años noventa muestran que aquella desaceleración tuvo costos altos para el país.

Según el Plan Nacional de Planificación Familiar, aprobado en 1977, el crecimiento demográfico anual de 3.2% debía ser reducido a 2.5% en 1982, a 1.3% en 1994, y a sólo 1% en el año 2000. ¿Qué pasó realmente? Bastante menos de lo previsto. Entre 1977 y 1982 el programa redujo la tasa de crecimiento demográfico en ocho décimas, del 3.2 al 2.4%. Pero entre 1982 y 1994, la reducción fue sólo de tres décimas, del 2.4 al 2.1%. Y entre 1994 y 2000, la cifra cayó al 1.4%.

Durante más de una década, el número efectivo de nacimientos se mantuvo 1% arriba de lo previsto en 1977, lo que puede significar que nacieron unos 800 mil mexicanos más de lo previsto cada año, desde 1982. El costo nacional de engendrar, criar, educar, alimentar y dar una vida digna a esos 800 mil mexicanos más cada año —entre 8 y 9 millones de personas en la década— hay que colgarlo casi completo a la decisión de no haberle dado prioridad a partir de 1982 al programa de planificación familiar aprobado en los setenta.

No todo ese fracaso puede atribuirse a la falta de voluntad del gobierno en materia demográfica. Los factores económicos tuvieron un peso decisivo. Hay una relación causal entre mayor pobreza, menor educación de la mujer y mayor cantidad de nacimientos. En el quinquenio 1987-1991, el promedio de nacimientos en las áreas rurales, las más pobres del país, fue de casi 5 hijos por mujer. En el Distrito Federal, la ciudad comparativamente menos pobre de México, fue de menos de la mitad, 2.15 hijos por mujer. El estancamiento económico de los ochenta y el bajo crecimiento en los noventa fueron razones poderosas en el fracaso del control demográfico.

No obstante, es innegable que en un país como México la política de planeación demográfica no puede operar sin una acción deliberada de los servicios de salud públicos, es decir, sin la voluntad explícita de las autoridades gubernamentales. En los últimos veinte años, más del 60% de las mujeres que obtuvieron información en el uso de anticonceptivos, la obtuvieron en las instituciones públicas de salud. Entre 1972 y 1990, la sola acción del IMSS evitó, por el uso de anticonceptivos, más de 7 millones de nacimientos, cantidad cercana a la población de todo el sureste

(Tabasco, Campeche, Chiapas, Quintana Roo y Yucatán) o todo el noroeste del país (Nayarit, Sinaloa, Sonora y las dos Baja Californias). La voluntad política y la acción burocrática del gobierno son centrales, pero estuvieron ausentes o en bajo perfil las últimas décadas del siglo XX.[7]

El problema de la población tiene perfiles escandalosos en sus implicaciones para el bienestar de los mexicanos. Si en lugar de haber crecido por décadas a más del 3%, la población hubiera crecido sólo al 2%, el ingreso *per capita* del país sería casi el doble de lo que es, habría 20 millones menos de habitantes y estarían llegando cada año a la edad de trabajar 500 mil muchachos en lugar de 800 mil. México se habría ahorrado el esfuerzo de alimentar, educar, darle trabajo, vivienda, agua, electricidad y candidatos presidenciales a 17 millones de seres humanos, tantos como la población que se hacina hoy en la Ciudad de México y su zona conurbada.

La avalancha demográfica puede ser la causa estructural de uno de los grandes problemas del México de la segunda mitad del siglo XX: el hecho de que un país que tuvo crecimiento económico anual de 6% durante cuarenta años, se haya encontrado al final de ese ciclo de expansión con la mitad de su gente en condiciones de pobreza inaceptable. La saturación demográfica está detrás de hechos históricos recientes, como la explosión chiapaneca de enero de 1994. Chia-

[7] Jorge Martínez Manatou, «El Programa Nacional de Planificación Familiar 1977-1994. El reto para el año 2000», en *Carta sobre Población*, Boletín oficial del Grupo Académico de Apoyo a Programas de Población, julio 1995.

pas tiene un crecimiento demográfico cercano al 5%; en la región de Las Cañadas, cuna del estallido, es del 7%, mientras el promedio nacional es de 1.4%.

Hay poderosas razones de mejor reparto de la riqueza y mayor justicia social, para definir una política demográfica orientada sin titubeos a contener la tasa de crecimiento. No hablo de una contención autoritaria, sino de una campaña de persuasión masiva para todo el país, y en particular para las zonas marginadas, donde la alta natalidad no es fiesta ni promesa de vida, sino anticipo de precariedad, reproducción de la pobreza. Una política demográfica de amplio espectro podría acercar a la mitad de la población, que es de mujeres, al ejercicio del primero de sus derechos: el derecho al control de su cuerpo, a la planeación de sus embarazos, a la elección de la familia que está dispuesta a criar.

La falta de una política demográfica es un error estratégico del siglo xx mexicano. Fue primero un error de ceguera, porque se vio el crecimiento demográfico como un indicador positivo del desarrollo del país. Después fue un error de omisión, porque se descontinuó una política que había dado buenos resultados. Las claves del problema son educación y trabajo para la mujer, así como seguridad social para las personas mayores. Según la experiencia internacional, sin esas dos precondiciones es difícil obtener grandes éxitos de planeación demográfica. La Iglesia católica ha sido un obstáculo en esto, pero el mayor obstáculo ha sido la inconsistencia de los gobiernos.

No todo han sido desventajas.

Los demógrafos apuntan que la pirámide de edades mexicana de los siguientes años será muy favorable para la productividad, porque un porcentaje mayoritario de la población será de jóvenes en edad de trabajar. Esto repartirá mejor las cargas de la responsabilidad económica. Por cada mexicano que trabaja habrá menos mexicanos que no trabajan, contando en esto, además, la incorporación vertiginosa de las mujeres al mercado formal de trabajo.

No obstante, las carencias acumuladas echan un signo de duda sobre las calidades de esa población. En 1990, la esperanza de vida al nacer en México era de 70 años, en 1996 era de 73.5. A ese ritmo, la esperanza de vida al nacer en México para el año 2010 será de 77 años. Comparado consigo mismo, es una hazaña, pero comparado con los logros mundiales en la materia, México logra ocupar sólo el lugar 32. Hay en la población mexicana un problema de calidad en la salud.

También hay un problema de calidad educativa. México ocupa el lugar número 10 del mundo en gasto público aplicado a la educación, pero tiene el lugar número 40 en población alfabetizada y el 40 también en número de técnicos y científicos. Su rezago respecto de los instrumentos de la modernidad es también preocupante: ocupa el lugar 30 del mundo en número de computadoras personales existentes y el lugar 37 en usuarios de internet.

En suma, México tiene una población alta en cantidad pero baja en calidad. Mejorar la calidad y estabilizar la cantidad de esa población es el gran reto del futuro de México.

Desigualdad, ilegalidad, inseguridad, penuria fiscal, presión demográfica, son inercias no tocadas, a veces empeoradas, por el cambio. Dos rasgos tienen en común estas dolencias:

son viejas y son crónicas. Persisten en el tiempo y tienden a reproducirse, no a resolverse. Siendo dolencias viejas y crónicas, es ilusorio pensar que se arreglarán con un cambio de gobierno. Ni el más eficiente de los gobiernos podría revertirlas con rapidez.

Ningún gobierno podrá revertir la desigualdad si su sociedad no crea la riqueza necesaria para ello. Ningún gobierno podrá obligar a los ciudadanos a cumplir la ley si los ciudadanos no la cumplen voluntariamente. La crisis fiscal del Estado sólo podrá resolverse con ciudadanos dispuestos a pagar impuestos. Y un hecho tan voluminoso como la presión demográfica empieza en una decisión íntima de las parejas, sobre la cual es difícil imponer nada.

Aparte del gobierno mismo, hay en México un puñado de nuevos actores de los que dependerá en gran parte la solución gradual de estas inercias. Me refiero en las páginas que siguen a cuatro de ellos, cuyo protagonismo creció en los últimos años y crecerá en los siguientes: los partidos políticos, los políticos profesionales, los medios de comunicación y la naciente ciudadanía mexicana.

III
Los nuevos actores

LA CUENTA LARGA

En mi cuenta personal, la transición democrática mexicana tiene suficientes años para constituir un periodo histórico. Su tema subterráneo es el de la transformación de una sociedad en el molde de un sistema político que no cambió tanto: una modernización social que no tenía como contraparte una modernización política.

La fecha del primer desencuentro de esas corrientes subterráneas de la sociedad y la política es 1968, año del choque trágico entre los hijos de la modernización social del país —los estudiantes universitarios de la capital— y el símbolo mayor del sistema político —el Presidente de la República—. La protesta estudiantil del 68 y su sangrienta represión abrieron una fisura entre la sociedad y el gobierno que no cesó de manifestarse desde entonces.

Los desencuentros de gobierno y sociedad en los setenta se condensaron en el año de 1976. Ese año registró un clímax de discordia entre el gobierno y la comunidad empresarial, que dio lugar a fugas de dinero, baja inversión y desconfianza, hasta generalizar el rumor de un golpe de Estado. Hubo también un clímax de discordia con la opinión pública, resumida en el caso del periódico *Excélsior*, cuyo director, Julio Scherer, fue expulsado del diario, con ayuda del gobierno, luego de una década de bien ganado prestigio entre las clases ilustradas del país.

El intento de dar un cauce a esos y otros fenómenos de rigidez pública, fue la reforma política de 1978, que concedió a los partidos opositores la representación proporcional en las cámaras y legalizó al Partido Comunista Mexicano. Fue la primera reforma de una serie cuyo ritmo habría de expresar bien la aceleración de la pluralidad política y el descontento civil del país.

La transición cobró un nuevo impulso en 1982, por las malas razones. La crisis de ese año, marcó la quiebra de un modelo de desarrollo fincado en la sustitución de importaciones, el proteccionismo comercial y la expansión del gasto público, cuyas consecuencias fueron crecimientos insostenibles de la deuda y el déficit gubernamentales. En diciembre de 1982, con el gobierno de Miguel de la Madrid, dio inicio la reorientación del modelo de desarrollo en busca de una economía abierta y un equilibrio de las finanzas públicas, lo que implicó enormes ajustes: supresión de subsidios, baja de la inversión pública, pérdida de valor salarial, recesión. Al paso del ajuste, asomaron fracturas en el pacto político corporativo del país, construido sobre el patronazgo económico del aparato estatal.

Muchos han encontrado en la movilización ciudadana espontánea que siguió al terremoto de la Ciudad de México, en septiembre de 1985, el síntoma de que se había configurado ya en México una sociedad civil madura, alternativa a las murallas burocráticas del Estado. Lo cierto es que el desencuentro del gobierno con las expectativas de su sociedad frente al terremoto de 1985, anticipó el desencuentro mayor de tres años más tarde.

La resistencia del establecimiento político a las reformas liberalizadoras, encabezadas por el gobierno, produjo en 1987 la primera escisión del PRI en un cuarto de siglo. Cuauhtémoc Cárdenas lanzó su candidatura independiente contra la candidatura oficial de Carlos Salinas de Gortari, visto por los disidentes como un candidato de continuidad de las reformas. Cárdenas arrastró tras de sí gran parte del descontento ciudadano, la mayoría del voto de la Ciudad de México y una crisis definitiva de credibilidad sobre los resultados electorales.

A la reforma electoral de 1978, hecha por el gobierno de José López Portillo, había seguido la de 1986, en el gobierno de Miguel de la Madrid. Bajo la exigencia pública de mayores cambios, resultado de la elección de 1988, el gobierno de Salinas de Gortari cambió las leyes electorales en 1989, 1993 y 1994. El ánimo reformista, que empezó en el gobierno como una forma de reconocer los derechos de las minorías, terminó en la pérdida del control oficial sobre las elecciones. El control de las instituciones electorales quedó en manos de representantes ciudadanos, se elaboró un nuevo padrón de votantes y se penalizó la inequidad esencial del proceso: el apoyo subterráneo del gobierno al PRI.

1989 y 1994 fueron años decisivos del sexenio de Salinas de Gortari. El primero, porque la caída del Muro de Berlín y del socialismo soviético enterró el prestigio de los modelos de desarrollo estatalmente planificados, cuya variante mexicana trataba de desmontar la modernización neoliberal. En lo interno, porque ese año ganó la primera gubernatura un candidato de la oposición en Baja California, y dio inicio ahí la negociación política del gobierno con sus opositores de centro derecha. Esa negociación fue el primer paso rumbo a la alianza legislativa con el PAN que permitió las reformas constitucionales de los años siguientes.

1994 fue el año que selló la integración comercial de México a Norteamérica, ofreciendo con ello un horizonte de largo plazo a las reformas de apertura de la economía. 1994 fue también el año de la eclosión de los agravios acumulados por la modernización emprendida: la rebelión de Chiapas, el asesinato del candidato presidencial del PRI, Luis Donaldo Colosio, y del secretario del PRI, José Francisco Ruiz Massieu. 1994 fue, por último, el año de las primeras elecciones presidenciales competidas sin conflicto postelectoral.

El año siguiente, 1995, trajo una nueva crisis económica cuyas consecuencias políticas fueron la doble pérdida oficial del gobierno de la Ciudad de México y de la mayoría en la Cámara de diputados, en 1997. 1999 vio la celebración de las primeras elecciones primarias abiertas en el PRI para nominar a su candidato presidencial y el fin del sistema de sucesión cerrada. Fue el fin del «dedazo», el fin del «tapadismo». Todos estos hechos, junto con la autonomía del Instituto Federal Electoral, pusieron fin a la reforma electoral mexicana, dando paso a unas elecciones plenamente democráticas. El 2 de julio del año 2000 los electores votaron por la alternancia en la Presidencia de la República.

La cuenta larga de la transición puede dar la impresión de una secuencia lógica, acumulativa, que los acontecimientos históricos mismos no tuvieron en su momento para los contemporáneos. Los hechos, las fechas y los actores pudieron ser distintos. El hecho histórico de fondo es el mismo: durante los últimos veinticinco años del siglo XX se dio en México el desencuentro de una sociedad moderna con un sistema político arcaico. De ese desencuentro, subrayado por los rigores de la crisis económica, la quiebra de un modelo de desarrollo y los desacomodos de la reforma liberal destinada a suplirlo, brotaron el reclamo ciudadano y la transición democrática.

ACTORES Y VALORES

La transición democrática ha sido efectiva. En poco más de una década se transformó la naturaleza del régimen político. Dejó de ser un sistema presidencialista de partido hegemónico y empezó a ser un régimen presidencialista de partidos competitivos. Las elecciones federales son libres. Las libertades de tránsito, expresión, reunión y asociación son reales. Los derechos de las minorías, también.

Desde el punto de vista de las elecciones, México es ya un sistema político democrático. También lo es desde el punto de vista de las libertades públicas. No es todavía, sin embargo, una sociedad democrática. Sus desigualdades son opresivas, muchos de sus valores son reflejos del antiguo régimen. Se han generalizado como valores ciudadanos la cultura del voto, la competencia electoral, la libertad política. Pero la creación de una cultura cívica democrática implica más que tener elecciones libres y procesos democráticos. Supone un cambio civilizatorio en el interior de la ciudadanía, un cambio que apenas ha empezado en México, lo mismo que en muchos de los países de América Latina que restablecieron sus sistemas democráticos en las últimas décadas del siglo XX.

La democracia llegó a casi todos nuestros países del brazo de las reformas de mercado impuestas por la globalización. Los resultados de esas reformas son pobres en sus números económicos, más pobres aún en sus efectos sociales. No han generado un consenso activo de modernidad, porque no han ofrecido rendimientos generalizados de bienestar. Por ello, junto a las euforias democráticas crecen los desencantos y las incertidumbres del proceso. Vemos surgir Estados democráticos fuertes en su legitimidad de origen, pero débiles en la construcción de proyectos cohesivos de futuro, proyectos con horizontes claros de crecimiento económico y oportunidades para todos.

Las democracias latinoamericanas, al igual que la mexicana, tienen fortalezas en diversos ámbitos, particularmente en el de las elecciones, pero su trama institucional es aún débil y su ciudadanía de sustento está todavía en formación. Son democracias intervenidas por costumbres predemocráticas, por poderes *de facto*, económicos o políticos, por condiciones de desigualdad social que traban su funcionamiento y aplazan el reparto de los beneficios. En esas condiciones, es difícil que la diversidad democrática no conduzca a la disputa política, la parálisis gubernativa, la fragmentación o la violencia.

Vivimos la paradoja del triunfo de sistemas democráticos montados sobre culturas cívicas y tramas institucionales pobres. La democracia no se ha vuelto segunda naturaleza de nuestras ciudadanías, no ha logrado echar un manto de seguridad sobre el presente, y de expectativas sólidas sobre el futuro en nuestras comunidades.

Tenemos una ciudadanía a medio hacer y una institucionalidad democrática que es nuestra novedad más que nuestra costumbre. La posibilidad de asentarse para esas democracias nuevas es que se encuadren en un horizonte de bienestar colectivo que haga verdad entre nosotros la difícil mancuerna de crecimiento económico con equidad social. El historiador norteamericano de Zapata, John Womack, ha dicho esto de la manera más sencilla: «La democracia no produce por sí sola una forma decente de vivir. Son las formas decentes de vivir las que producen democracia».

Demoler sistemas políticos autoritarios e instaurar regímenes democráticos, no basta para tener una democracia. Además hay que crear las condiciones económicas, sociales y culturales que sostienen la democracia, que la hacen una segunda naturaleza, un hábito, una costumbre social. En buenas cuentas, la transición democrática de México lleva un cuarto de siglo y apenas ha comenzado.

En los nuevos actores de la democracia mexicana pueden verse los vestidos a medio terminar. Tenemos partidos políticos que necesitan refundarse, una clase política en busca de nuevos códigos de negociación, unos medios de información sin contrapeso como poder público. Los ciudadanos, por su parte, tienden a creer poco en la ley, en la autoridad, y mucho en las pedagogías del pasado, con su larga cola de mentiras fundadoras y glorificaciones al revés.

Partidos, políticos, prensa y ciudadanos son los temas de las páginas que siguen.

CAMBIOS DE PIEL

Los partidos políticos mayores, PRI, PAN y PRD, son actores centrales de la democracia mexicana. Las asociaciones políticas, las organizaciones no gubernamentales, los nuevos partidos, jugarán un papel importante, pero subordinado al ámbito de los partidos grandes. El escenario abierto por la alternancia el 2 de julio pone a los tres partidos mayores frente al mandato de un cambio de piel, cuya dificultad puede resumirse en tres paradojas. El PRI, antiguo partido de Estado, ha de aprender a volverse partido de oposición. El PAN, antiguo partido de la oposición, ha de aprender a ser partido en el gobierno. El PRD, partido de la vieja izquierda, ha de aprender a serlo de la nueva. Todos deben aprender aquello que no han sido y volverse, en algún sentido, su contrario.

PRI: orfandad y libertad

Al perder las elecciones presidenciales de julio de 2000, el PRI perdió también a su jefe, padre y verdugo, el Presidente de la República. Los priistas tienen que buscarse otra dirigencia. La hora de la derrota es también la hora de su libertad. Si el PRI convierte su derrota en un pleito de tribus, corre el riesgo de licuarse y desaparecer. Si, por el contrario, convierte su pérdida en oportunidad y reconstituye un liderato genuino, será un contendiente de temer en el futuro.

El PRI nacional ha menguado como instancia de gobierno partidario. Las condiciones del poder real se han refugiado en otras manos. En primer lugar, en los gobernadores priistas de los estados. En segundo lugar, en los dirigentes de grandes sindicatos como el magisterial, el petrolero, el eléctrico, la burocracia y la salud. Adquieren gran estatura los líderes de las bancadas priistas en el Congreso federal y sus miembros, al igual que los de los congresos locales.

El primer reto de la agenda priista es aceptar su derrota y reconstituir su dirigencia sin la sombra del padre: sin padre, sin jefe, sin Presidente. El segundo reto es definir qué proyecto de país quieren para México. El PRI vive desde hace años una crisis de identidad política. Ha llevado al poder y respaldado a presidentes cuyos programas de reformas eran contrarios a sus creencias históricas de partido. Los priistas obedecieron a sus presidentes, pero no hicieron suyo el proyecto de modernización del país.

Sigue sin resolverse en sus entrañas el pleito de sus convicciones con su disciplina, la pugna de sus herencias con la modernización. De la falta de transparencia en ese ámbito, del hecho de que el PRI haya ido a remolque de las iniciativas modernizadoras del gobierno, más que a la cabeza de ellas, deriva buena parte de la confusión de los priistas frente a los cambios que vive la nación.

En aras de su propia modernidad, parece indispensable que el PRI asuma la actuación de sus gobiernos. Para volverse un partido de oposición viable, tiene que ser un partido que ofrezca futuro, y eso no puede ofrecerlo mirando hacia el pasado, hacia el nacionalismo revolucionario. Tiene que hacer suya la modernización alcanzada y proponerse ir más allá. Refugiarse en las trincheras del nacionalismo revolucionario haría del PRI un partido conservador, restauracionista, un partido de la inmovilidad nadando contra la corriente de la historia.

PAN: oposición y gobierno

El proyecto de modernización de los gobiernos priistas a partir de 1982 tuvo desde el principio más coincidencias con el PAN que con el PRI. Hay cierta lógica histórica en que el partido más afín a las reformas iniciadas por los gobiernos priistas en 1982 llegue al gobierno nacional en el año 2000.

El PAN tiene reflejos conservadores pero es sobre todo, por origen y vocación, un partido liberal. Casi todas las líneas de las reformas liberalizadoras del fin de siglo en México podían encontrarse en los programas del PAN: la subsidiariedad del Estado, el reconocimiento a las iglesias, la libertad de enseñanza, la desamortización del ejido, la democracia electoral, la descentralización de la vida nacional. Con buen sentido, en medio de las reformas mientras el PRI estaba en el gobierno, los dirigentes del PAN hablaron de una «victoria cultural», para dar a entender que su ideario se había impuesto y que las transformaciones planteadas por ellos como necesarias para México las llevaban a cabo los gobiernos priistas.

En el marco de esas reformas creció el PAN como opción de gobierno, mudó sus antiguas togas de partido oposicionista por las de la responsabilidad gubernativa. Fue un avance electoral de la periferia al centro, muy al modo de la perspectiva federalista que ha sido bandera ideológica del PAN contra la excesiva centralización política de la era del PRI. Cuando Vicente Fox ganó las elecciones presidenciales de julio de 2000, el PAN gobernaba ya sobre la cuarta parte del país, incluyendo los dos estados más ricos después de la Ciudad de México, Jalisco y Nuevo León. Su salto al poder nacional no fue un asalto, sino una acumulación.

El veredicto del 2 de julio puso al PAN a contrapelo de sus hábitos históricos. Dejó de ser un partido de oposición, debe aprender a ser un partido en el gobierno. Sus hábitos lo llevan a litigar con el poder establecido, pero el poder establecido está en sus manos, por primera vez. La cuestión es delicada porque el triunfo del PAN con Fox fue contundente pero no abrumador. El equilibrio en que descansa su poder es precario. No recibieron un cheque en blanco, recibieron una letra de cambio que le tienen que firmar los otros partidos. Si el PAN y el gobierno de Fox no caminan como un solo hombre en el Congreso, su capacidad de alianzas con las otras fuerzas disminuirá y con ella, su capacidad de gobierno.

Ha escrito Jean-François Revel: «Los partidos de oposición deben atender a sus sueños. Los partidos en el gobierno, a la realidad». Éste es el dilema íntimo del PAN: sus sueños se han cumplido, ha ganado el poder, ahora debe atender la realidad.

PRD: vieja y nueva izquierda

El 2 de julio del año 2000 fue una sacudida para el PRD. Perdió la Presidencia, más de 50 puestos en el Congreso federal y más de la mitad del dinero que recibía como financiamiento público, asociado al número de votos. Volvió a ganar el gobierno de la Ciudad de México, pero perdió la mayoría en la asamblea local.

Lo mismo que el PRI, el PRD sufrió la deserción de votantes decisivos del México moderno, urbano, joven y educado. El voto del 2 de julio fue también contra la izquierda vieja —populista o grupuscular— que no tiene una respuesta constructiva frente a las nuevas realidades del mundo.

En México, como en el resto de América Latina, la incertidumbre ante la globalización se une a los pobres resultados de las reformas neoliberales. La situación abre espacios políticos extraordinarios para la izquierda. La izquierda mexicana no ha hecho el ajuste de cuentas con su historia ni con su pensamiento. No está en condiciones de ofrecer una verdadera propuesta de futuro, porque en el fondo de su identidad cultural sigue latiendo un pensamiento excluyente que sigue sonando a lucha de clases y a guerra fría.

La izquierda mexicana no fue socialdemócrata sino revolucionaria y populista. Fuera del gobierno ha creído en la revolución, dentro del gobierno ha creído en el Estado intervencionista, clientelar, subsidiador. Le cuesta trabajo mirar hacia el socialismo europeo como fuente de inspiración. Abrumada por el triunfo del mercado y por el veredicto histórico contrario al socialismo de 1989, vimos a esa izquierda replegarse durante los noventa. Ante los pobres resultados de la modernización, la vimos retomar credibilidad y fuerza. Pero en ese ciclo no hubo un ajuste profundo de sus creencias. La izquierda mexicana habla hoy del neoliberalismo como antes hablaba del imperialismo. Habla de la sociedad civil como antes hablaba del pueblo o el proletariado. Habla de las elecciones y de la democracia, como antes habló de la toma del poder o de la evolución de las condiciones subjetivas para el cambio.

Revolucionaria o populista, la cabeza económica de la izquierda sigue gobernada por la vieja noción de que toda riqueza proviene de la explotación del trabajo. No puede hacer por ello las paces con el mundo de la empresa y el mercado. Sigue viendo en la empresa privada una forma de la explotación y en el mercado un mecanismo del abuso. Sigue viendo las relaciones económicas internacionales, la globalización por lo tanto, como un proceso de exacción hegemónica donde los países centrales despojan de su riqueza a los periféricos.

Hay en nuestras izquierdas una visión agónica de la pobreza como un problema a resolver. No hay una correspondiente visión de la riqueza como un mundo por crear, el único que en verdad puede dar una respuesta a la privación de las mayorías. Hay la visión de la pobreza como un resultado de la explotación. Hay la correspondiente visión de la riqueza como un despojo. La noción implícita de todo esto es la riqueza como un patrimonio fijo que alguien se apropia, no como una creación de valor nuevo que mejora las oportunidades de todos.

El PRD tiene amplios espacios por ocupar en un país que, como México, tiene el corazón echado a la izquierda. El proceso de igualación democrática en un cuadro de desigualdad social puede ser una oportunidad para la izquierda. Inclusión política sin inclusión económica es una combinación explosiva, propicia a la confrontación de clases, pero también al desarrollo de una izquierda democrática, libre de sus atavismos dogmáticos y populistas.

Si la izquierda quiere ser una alternativa real de gobierno, debe abandonar sus viejos cotos, buscar espacios más amplios, mirar menos a sus propias tradiciones y más a los ejemplos del socialismo chileno, español, inglés o francés. Tiene que hacer lo que su tradición le dice que no debe hacer: volverse una izquierda funcional para la lógica de la economía de mercado que domina al mundo, tiene que dejar de ser izquierda revolucionaria y populista y volverse una izquierda moderna, abierta a la realidad del mundo.

MODALES POLÍTICOS

Los políticos son los encargados de administrar el pleito de las pasiones y los intereses de una sociedad. Su trabajo es institucionalizar esas pasiones y esos intereses, someterlos a un cauce racional, impedir que desemboquen en lo que naturalmente desembocarían sin mediación de la política: en la discordia, la violencia, el estado de guerra permanente de que hablaba Hobbes.

Los políticos necesitan ellos mismos ser domados en sus pasiones e intereses. Esto sólo puede lograrse por la vigencia de reglas externas que hagan más rentable para ellos conducirse de forma constructiva que de forma corsaria. Los políticos profesionales son una tribu aparte que necesita inventar su propio lenguaje, un estilo, un repertorio de conductas que les permitan entenderse entre ellos, ser previsibles, manejables para ellos mismos.

Toda transición democrática descompone reglas que funcionaron para normar a los políticos y abre un interregno de relativa incertidumbre para la construcción de una nueva etiqueta del comportamiento político. En ese interregno ha estado México antes y después del 2 de julio. Durante muchos años, las reglas del PRI permitieron a los políticos administrar sus pasiones con apego a reglas claras. No eran reglas democráticas pero eran transparentes para los miembros de la tribu, los políticos profesionales que eran en su mayoría abrumadora priistas.

La tribu ha crecido mucho en todas direcciones, hacia todos los partidos. El poder ha cambiado de manos. Las reglas del oficio político priista, eficaz durante tanto tiempo para mantener en orden a la clase política, son un código del pasado. Destituido el viejo manual de conducta, los políticos de la naciente democracia mexicana construyen sobre la marcha nuevas reglas de trato. Una nueva clase política profesional improvisa sus códigos.

Visto de conjunto, el espectáculo es el de una torre de Babel, un griterío de malentendidos más que el murmullo de una nueva civilidad. A diferencia de los enanos inmortalizados por Augusto Monterroso, poseedores de un sexto sentido que les permite reconocerse a primera vista, en la incipiente democracia mexicana los políticos no se reconocen entre sí. Tienden, por el contrario, a desconocerse. Tratan de mejorar su imagen satanizando la de sus contendientes, dan al adversario trato de enemigo, subrayan las diferencias más que las semejanzas.

La transición ha sido rijosa y dejó heridas. Una de sus peores herencias es el desprestigio de la negociación como una actividad oscura en la que sólo incurren los corruptos.

La pluralidad reconocida del país no puede administrarse sin negociación. La negociación no es la bestia negra, sino la piedra de toque de la nueva condición democrática de México. Desprestigiarla, cubrirla de rasgos turbios, salir corriendo de ella como de un mal contagioso, es ofrecerle a los ciudadanos un horizonte de discordias que lejos de prestigiar a los políticos, los muestra cortos de miras, sin aliento de futuro. El futuro democrático de México será de acuerdos y negociaciones o no será.

La idea de que la negociación mancha es tan antidemocrática como la idea de que todas las negociaciones deben ser hechas a la vista del público. El hecho es que las negociaciones que pueden llegar a buen término suelen hacerse fuera de la vista del público, lo que no quiere decir en contra de sus intereses. La discreción de los gabinetes es mejor aliada de los acuerdos que la plaza pública.

Nuestros políticos negocian, pero se avergüenzan en vez de enorgullecerse de ello. Creen que negociar los vuelve sospechosos cuando en realidad los vuelve confiables. Negocian entonces vergonzantemente y esperan la primera oportunidad de lavar sus culpas zafándose de lo negociado para mostrar que son insobornables.

La mayor división imaginaria que se construyó de cara a los nuevos tiempos, es la que privó mucho tiempo entre demócratas y dinosaurios, entre emisarios de la sociedad civil democrática y oscuros heraldos del gobierno. Unos fueron los corruptos, los criminales. Otros fueron los ángeles, la esperanza de la nación. El

97

resultado ante el gran público no es, como se pretende, el desprestigio de unos y la consagración de otros. El resultado tiende a ser el desprestigio de la política misma.

La política siempre está a la altura de la mala fama que la acecha desde la sensibilidad popular. «Al que le gusten las salchichas y las leyes, que no vea cómo se hacen», decía Bismarck, el canciller alemán. Lo mismo podría decirse de la política: el que tenga respeto por la política, que no se acerque a ver sus cuartos reservados. Pero el desprestigio de los políticos no es una buena noticia para la salud de la vida pública. Alimenta la inseguridad y la irritación de la ciudadanía, abona el terreno del demagogo, del tejedor de promesas y el prometedor de orden. A fuerza de protagonismo sin acuerdo, las élites políticas pueden echar a sus sociedades en manos de salvadores providenciales que no suelen ser los emisarios de la providencia, sino del diablo («La providencia siempre va despacio. El Diablo siempre tiene prisa».).

Los políticos de la transición mexicana tienden a fracasar en la única cuestión de fondo que le interesa a la ciudadanía: una vida pública de resultados constructivos, una clase política capaz de llegar a acuerdos, de resolver conflictos en vez de crearlos.

Hay algo peor que los políticos profesionales: la falta de políticos profesionales. Eso es algo de lo que estamos viendo en el inicio de la vida democrática de México: la falta de profesionalidad de los políticos, por ausencia de reglas a qué atenerse.

La prensa: grandeza y miseria

Los medios han jugado un papel clave en el ambiente de libertad, crítica y pasión por el cambio de la transición democrática mexicana. Son, a la vez, una de sus asignaturas pendientes.

La mexicana es una prensa que honra el compromiso de su libertad, ejerciéndola sin cortapisa, aun al precio del escándalo. Es también una prensa que defrauda a menudo las normas de veracidad y rigor que son su fundamento ético, su sentido profesional.

Todos los días una legión de reporteros, comentaristas, columnistas, conductores y locutores cumple la tarea esencial de su oficio: informar, criticar, exigir, airear la vida pública, dar voz a quien no la tiene, acotar el poder. Junto a ellos, todos los días, otra legión produce noticias falsas, ataca la fama pública de alguien, acusa sin fundamento, condena sin pruebas, descalifica, inventa, se hace eco de rumores escandalosos o incurre en lo que la ley tipifica como calumnia, difamación y daño moral. Conviven en el mismo espacio público, a veces en el mismo periódico o en el mismo medio electrónico, el profesional y el extorsionador, el rigor y el abuso, la responsabilidad y la impunidad.

La libertad de informar y opinar, ejercida sin miedo, con furor, aun con altanería, le ha ganado a esta prensa credibilidad y lectores. Le ha dado fuerza y prestigio. Pero sus éxitos legítimos y su credibilidad bien ganada la absuelven a menudo de exhibir las cartas credenciales de su oficio. ¿Cuántas de las revelaciones con que la prensa mexicana ha sacudido a la opinión pública podrían resistir el visto bueno del más modesto maestro de periodismo, la prueba de las más sencillas normas de la profesión informativa como, por ejemplo, acreditar sus fuentes?

En una fase de transición democrática como la que ha vivido México, muchos medios de información vienen cargando la culpa de su silencio previo. No hay una tradición que acredite su libertad ejercida. Necesitan lavarse la cara y ganar audiencia para sobrevivir. Tienen que ser deslenguados y escandalosos para ser creíbles y competitivos. Ejercen sus nuevas libertades desmesuradamente. Algunos actúan como los únicos ciudadanos libres de toda sospecha. Se asumen como repentinos depositarios de la buena conciencia en la crisis general de mala conciencia que es toda transición democrática.

La prensa parece un poder sin contrapesos en un espacio público donde prácticamente no ha quedado poder sin equilibrio. Los poderes públicos están como nunca antes acotados por una opinión sensible y una libertad de prensa ejercida sin cortapisas. Pero nada acota a la prensa en tanto poder público. Sus excesos no tienen sanción. Las leyes que deberían contener tales excesos son letra muerta.[1]

Una regla no escrita de los jueces es no sancionar a periodistas. Una de las resignaciones del público es no demandarlos, habida cuanta de que es casi imposible ganarle un pleito legal a la prensa. Acaso es un defecto que deriva de las propias leyes. La legislación civil vigente en materia de daño moral, lo mismo que la penal relativa a calumnia y difamación, tienen defectos convergentes: imponen penas draconianas pero exigen pruebas excesivas. Si alguien demuestra haber sido afectado por otro en su fama pública, puede hacerlo encarcelar o exigir una cuantiosa reparación pecuniaria. Pero tiene que probar en ambos casos la lesión que se le ha causado, cosa muy difícil de lograr. Aun si la

---

[1] Revísense, por ejemplo, los términos legales del derecho de réplica y la práctica del precepto. La prensa escrita viola todos los días la ley de imprenta publicando las réplicas de los inconformes con sus noticias en una sección de cartas, cuando la ley vigente le exige publicarlas en el mismo lugar donde apareció la información objetada.

parte acusadora tiene razón, el juez duda, razonablemente, en imponer penas tan extremas. Penas leves pero efectivas tendrían quizá un efecto mayor. En muchos casos, bastaría imponer al ofensor una retractación pública cuando no pueda sustanciar afirmaciones ofensivas sobre la parte agraviada.

El costo político de desafiar a una prensa cada vez más influyente y libre, que responde como un solo hombre a todo intento de regulación, ha impuesto en las autoridades la idea de que el poder de la opinión no debe ser restringido externamente sino que debe autorregularse. Según esta postura, es la prensa misma quien debe darse reglas, ponerse límites, establecer sanciones. Es del todo improbable que tal cosa suceda porque el impulso lógico de cualquier poder no es autocontenerse, sino expandirse. De hecho, la libertad de prensa se ejerce en México sin otra cortapisa que la autocontención, pero no ha sido esa la virtud mayor que podría celebrarse en la prensa de los últimos años.

Por lo demás, no parece haber en ningún sitio legislación adecuada para acotar los excesos de los medios. El poder de la prensa comparte terrenos con la entraña misma de la libertad política y con su principio esencial, que es la libertad de expresión. La queja por los libertinajes de la prensa es consustancial a su historia, forma parte de su naturaleza. Hace siglo y medio Alexis de Tocqueville resumió las paradojas de la prensa en términos que podrían aplicarse casi literalmente a la situación de la prensa en el México democrático:

En materia de prensa no hay término medio entre la servidumbre y la licencia. Para cosechar los bienes inestimables que asegura la libertad de prensa, hay que saber someterse a los inevitables males que origina [...] La prensa es esa potencia extraordinaria, tan extrañamente compuesta de bienes y males que sin ella la libertad no podría vivir, y con ella apenas puede mantenerse el orden [...] La libertad de prensa, como todas las demás, es tanto más temible cuanto más nueva; un pueblo ante quien jamás se han tratado los asuntos de Estado, cree al primer tribuno que se presente.

Los medios de información han sido protagonistas de la transición política de México. Quizás es tiempo de que empiecen a volverse sus conductores: no sólo los espejos críticos del cambio, también los ingenieros de la nueva gobernabilidad democrática de México.

Los medios tienden a premiar con su atención el desacuerdo y el conflicto. Ya se sabe: las buenas noticias no son noticias. Pero de lo que el país está urgido no es de desacuerdos y conflictos, sino de acuerdos y caminos practicables.

Se dirá que los medios no están para transformar la realidad sino para reflejarla; su tarea no es dirigir al país sino mantenerlo informado, no resolver los problemas sino traerlos desnudos a la atención pública. Se dirá también que los medios no son culpables de lo que reflejan del mismo modo que el termómetro no es responsable de la fiebre.

Todo eso es cierto, sin duda. Pero en el momento que vive México, ante los años de competencia política que se avecinan, quizá sea necesario que los medios jueguen de otro modo, en defensa de su propia libertad, para consolidarla. Quizá deban levantar la mira, asumirse como los árbitros de la competencia, no sólo como los cronistas que narran a gritos los golpes del juego.

Una tarea básica de la gobernabilidad democrática es alcanzar un núcleo de acuerdos que nadie desafía y nadie puede cambiar. Los medios no pueden crear solos ese núcleo duro que hace confiables a los países en el largo plazo. Pero será imposible llegar a esos acuerdos sin una participación activa de los medios. Los medios han sido hasta ahora protagonistas del cambio, la crítica, la pluralidad. Pueden y deben volverse protagonistas del acuerdo, la convergencia, la certidumbre.

Ciudadanos en ciernes

México es un adulto electoral y un bebé ciudadano. Quien analice las últimas elecciones descubrirá que este país, tanto tiempo paraíso del fraude, tiene un electorado inteligente que ha ido destruyendo los poderes sin contrapeso de la costumbre nacional, para pintar un mapa de poderes competidos, gobernantes sin mayorías absolutas, partidos con distinto peso regional. Es un electorado que vota mucho, que ha probado la alternancia en el ámbito local antes de establecerla en la Presidencia de la República. En la última década del siglo, más de la mitad de los mexicanos tuvieron gobiernos locales distintos del PRI. Llegado el momento, su mandato de alternancia en el poder nacional fue claro, pero no abrumador. Los electores le dieron al panista Vicente Fox la Presidencia pero no la mayoría en el Congreso. Lo mismo hicieron con la jefatura de gobierno de la Ciudad de México. Dieron el mando al perredista Andrés Manuel López Obrador, pero le quitaron a su partido el control de la asamblea local y varias delegaciones políticas de la ciudad.

Hay pocas dudas del buen instinto y la inteligencia de ese electorado. En muchos sentidos, es un colectivo ejemplar. Una parado-

·ja profunda de la cultura política mexicana es que ese mismo colectivo, impecable en materia electoral, es un menor de edad en otros ámbitos de una ciudadanía democrática. No cree en la ley, no apoya a la autoridad, espera del gobierno más de lo que le da. Su memoria histórica rebosa de pobres lecciones democráticas, glorifica la violencia, la derrota, el victimismo y la desconfianza.

Revisaré esos aspectos en las páginas que siguen advirtiendo que simplifico para subrayar lo que quiero decir. La realidad es, desde luego, más compleja.

Costumbres sin ley

Como hemos dicho antes, el compromiso de la ciudadanía mexicana con la legalidad es bajo. Tiene tendencia a ver las leyes como un espacio de negociación antes que como un marco de obligaciones específicas que hay que cumplir.

México no vive en un estado de derecho sino en un estado de ilegalidad. La ilegalidad es un hecho de la vida pública y un rasgo de la conciencia privada. Incluye a una buena parte de la población, mexicanos que no son delincuentes pero que viven fuera de la ley en algún aspecto fundamental de sus vidas.

De 4 a 6 millones de trabajadores participan en la economía informal. Dos millones de propietarios de automóviles de contrabando circulan sin papeles por el país. Millones de ciudadanos pagan sobornos para que no les levanten infracciones. Otros tantos viven en áreas protegidas o de riesgo donde nunca debieron asentarse.

Los mexicanos han aprendido a lo largo de este siglo que, en materia de propiedad de la tierra, la ilegalidad paga. Basta organizarse, actuar y resistir a la fuerza pública. Si es necesario, violentamente. Tarde o temprano, una generación después, los invasores obtienen el reconocimiento a su propiedad, a su acto ilícito. Ellos invaden, luego vienen los candidatos y les ofrecen soluciones, luego vienen los gobiernos y les dan servicios públicos: agua, luz, pavimentación, tiendas subsidiadas, clínicas, escuelas. Ciudades enteras han nacido así: Nezahualcóyotl, Chimalhuacán, Ecatepec, Chalco.[2]

La ilegalidad organizada tiene capacidad de negociación política. Quien viola la ley siente que está en lo correcto y defiende su ilegalidad como un derecho. Si resiste con eficacia, se vuelve interlocutor de la autoridad. De culpable, el infractor pasa a demandante, acaba volviéndose aliado político. Convertidos en un colectivo, los ciudadanos defienden su parcela de ilegalidad hasta volverse parte del sistema político. Son ciudadanos ilegales con plenos derechos. La autoridad prefiere negociar por encima de la ley a reprimir aplicándola. Se corporativiza el delito, se diluye la autoridad. La sociedad adquiere un nuevo paisaje: el de los delitos colectivos tolerados. La comunidad ilegal organizada se vuelve parte de la ciudadanía legítima. La tolerancia y la negociación se vuelven formas de la impunidad.

La violación continua del estado de derecho propicia una legitimidad torcida. Los ciudadanos que cumplen la ley tienen que preguntarse: ¿no es más rentable violarla? Alguien puede ir a la cárcel por no pagar impuestos. Otros, por no pagarlos, se vuelven interlocutores de la autoridad. No sólo no pagan por su infracción, ganan con ella. La tolerancia a la ilegalidad, la incapaci-

[2] Grandes tragedias se han producido por esta ilegalidad de la vivienda, como la explosión de las gaseras de San Juanico en 1985, en cuyos alrededores prohibidos había crecido un barrio entero de pobladores.

dad de cumplir la ley, no puede conducir sino a la inseguridad pública. La cultura de la tolerancia a la ilegalidad es la hermana menor del mayor azote que tiene la vida pública en materia de procuración de justicia: la impunidad, piedra de toque de los delitos en todas sus formas.

Autoridades imaginarias

La inseguridad pública y la violencia tienen dos caras. Una, visible, es la ineficacia de la autoridad. Otra, invisible, es el recelo ciudadano ante la autoridad. En particular, cuando se trata del uso de la fuerza pública. Hace algún tiempo se vive en México una crisis de legitimidad en torno al uso de la fuerza por el Estado. En todos los órdenes de la vida política tenemos autoridades frenadas en sus recursos de coerción, autoridades a las que no concedemos imparcialidad, buen sentido o buena fe para usar la fuerza si ésta es necesaria para aplicar la ley.

Cada vez que la autoridad usa abiertamente sus recursos de coerción es cuestionada por la ciudadanía. La autoridad, en consecuencia, antes que ganar prestigio por hacer cumplir la ley, suele perderlo por ello: por someter violentamente a un delincuente, por cobrar impuestos y encarcelar al evasor, por impedir la ocupación de las vías públicas que lesionan los derechos de tránsito de terceros, por desalojar ocupantes ilegales de terrenos, por cobrar el uso de servicios públicos o sancionar a quien los robe, etcétera.

Una larga crisis de legitimidad política ha inyectado en los gobiernos de México una cautela extrema en el uso de los elementos coercitivos del Estado. La cautela se ha vuelto una especie de prohibición tácita al uso de la fuerza pública como recurso de gobierno. Ninguna autoridad la usa sin sentirse culpable y en riesgo. Una sensibilidad paralela existe en la conciencia pública. Se sospecha de la legitimidad de los gobernantes, de la validez de sus razones para ejercer la violencia legal.

El control de la violencia, primera tarea del Estado, no es un compromiso prioritario del gobierno, pero tampoco lo es de su ciudadanía. Por fortuna, la democracia ha quitado discrecionalidad a las autoridades. Las autoridades discrecionales de antaño tienden a desaparecer, cercadas por la competencia política y la vigilancia pública. En el México democrático, el único instrumento de gobierno que le queda a la autoridad es la aplicación de la ley. Pero al tener un bajo compromiso con el cumplimiento de la ley, la ciudadanía ejerce un veto invisible sobre la autoridad para hacer que la ley se cumpla. Si la autoridad no puede usar todos sus recursos para ese fin, en particular el recurso de la coerción, es una autoridad coja en su eficacia gubernativa. La renuncia al uso de la fuerza no siembra tolerancia política, siembra ingobernabilidad.

En distintos ámbitos del espectro político nacional, la única violencia sospechosa es la que ejerce el Estado. Por un lado, hay la tendencia a culpar a la autoridad de las faltas en que incurren los ciudadanos. Por otro, hay la tendencia a justificar las iras dirigidas contra el gobierno como causas portadoras de una justicia inmanente. De hecho, se ha instalado en el país una subcultura política que justifica actos violentos antigubernamentales y pide para ellos comprensión y excepciones. Una parte significativa de la población cree que los cambios deben impulsarse en México mediante la violencia revolucionaria.[3]

Todo acaba siendo, de algún modo, culpa de la autoridad; toda rebelión contra ella es, de algún modo, justa. La escandalosa crisis de corrupción de las corporaciones policiacas refuerza la desconfianza de los ciudadanos frente a los recursos coercitivos de la autoridad. La desconfianza ciudadana es la casilla final de una historia de abusos y corruptelas del gobierno.

Así, el estado de derecho vive una situación peculiar en México. Toda decisión seria de las autoridades de hacer cumplir la ley se ve desautorizada por los ciudadanos o imposibilitada por la realidad. Al paso que va nuestra cultura cívica, sólo podremos cumplir leyes que hagan excepciones, leyes que incluyan la posibilidad legal de no cumplirlas, leyes que reconozcan nuestras particularidades y caprichos, leyes que autoricen nuestra ilegalidad. El gobierno tiene que adquirir la confianza de la ciudadanía. La ciudadanía tiene también que hacer su parte en materia de respeto a la ley y de respaldo a sus autoridades para hacer que la ley se cumpla.

La sociedad peticionaria

La tradición del populismo estatal ha dejado huella profunda, inclinando los hábitos ciudadanos de relación con el gobierno hacia una actitud peticionaria. El gobierno dio tierras, dio casas, dio concesio-

[3] Según una encuesta nacional del Grupo de Economistas Asociados, en junio de 1998 un 15% de los encuestados creía que la sociedad mexicana debía ser cambiada por la acción revolucionaria. En febrero de 1999, lo creía un 9%; en marzo, un 10%. Veáse GEA, *Escenarios políticos 1998-2000. Gobernabilidad y sucesión*, abril 2000.

nes, dio fortunas. Acostumbró a su sociedad a pedir y a sus funcionarios a dar, medrando los que quisieran, mientras daban. El gobierno estableció una idea de lo público donde aparentemente nada costaba y, por tanto, nadie rendía cuentas. Las finanzas del gobierno parecían un bien venido de ninguna parte, que nadie debía cuidar, del que todos podían echar mano cuando les tocaba administrarlo, o exigir su parte si estaban del otro lado del mostrador.

La sociedad peticionaria quiere recibir gratuitamente del gobierno educación, salud, vivienda, tierra, seguridad, justicia, servicios. Su idea de la responsabilidad gubernamental es el subsidio; su bandera es la gratuidad. Quiere un gobierno que dé mucho y cueste poco, una especie de bolsa mágica que se llena sola y se vacía al ritmo de las demandas de los ciudadanos. La sociedad peticionaria no paga impuestos porque no cree en la limpieza de la autoridad. Quiere sin embargo que la autoridad le resuelva sus problemas. Su idea de lo público es una calle de sentido único en donde sólo se tienen derechos, no obligaciones; sólo demandas, no reciprocidades.

El ombligo de esta falta de reciprocidad democrática entre el gobierno y sus ciudadanos son los impuestos. La naciente ciudadanía mexicana quiere un Estado que cumpla con una enorme cantidad de compromisos públicos, pero no está dispuesta a pagar en impuestos lo que espera que su gobierno le devuelva en servicios. Tiene suspendido el vínculo democrático fundamental que hay entre pagar impuestos y exigir cuentas claras al gobierno. Exige pero no paga y paga sin exigir.

En nuestra cultura política tiene perfiles borrosos el pacto de reciprocidad fundador del gobierno democrático, el pacto entre impuestos y representación política, entre el gobierno que administra recursos públicos y el ciudadano que los aporta y vigila su rendimiento. Los ciudadanos pueden exigir porque aportan, pueden pedir cuentas porque son sus cuentas. Han ganado el derecho a que les rindan cuentas cumpliendo su parte del trato. No a la tributación sin representación, dice la protesta clásica de la independencia estadounidense: quien paga impuestos adquiere derechos políticos. Representación sin tributación, dice la sociedad peticionaria. Quiere tener derechos políticos sin contraer obligaciones ciudadanas.

El pedagogo del ciudadano peticionario ha sido el gobierno paternalista que mira a su sociedad como hacia un reino de menores de edad a los que debe proteger, tutelar, y puede engañar, explotar. Es una vieja tradición colonial presente por igual en las leyes de Indias y en el despotismo ilustrado: la noción de un gobierno que tutela pero no rinde cuentas, que no tiene ciudadanía sino súbditos, porque no es el administrador de la cosa pública, sino su dueño. Es una idea de raíces feudales, anterior al espíritu de la democracia moderna, fundada en la reciprocidad de los deberes y los derechos del ciudadano individual.

El gobierno tiene que establecer la transparencia de este pacto fundador de la vida democrática. La ciudadanía tiene que asumir su relación con el gobierno como una calle de doble sentido en la que a cada derecho corresponde una obligación. La noción de reciprocidad tiene que suplir los hábitos peticionarios. La cultura política democrática tendrá que desplazar los restos clientelares de la cultura feudal. Los límites del gobierno han de ser los que establezca la ciudadanía con su voto, pero también con su pago, en el doble ejercicio de sus derechos y sus obligaciones.

Como he dicho antes, México tiene un Estado que gasta como millonario y cobra como mendigo. Los mexicanos tenemos un Estado de muchas responsabilidades y pocos ingresos. Buena parte de las desgracias económicas nacionales vienen de este desbalance. Tenemos que quitarle responsabilidades al Estado o aumentarle los ingresos. En esto, como en todo lo referido a las leyes y su cumplimiento, ningún gobierno podrá ser eficaz si los ciudadanos no cumplen voluntariamente su parte del trato. Ningún gobierno puede obligar a su sociedad a cumplir sus obligaciones. La sociedad tiene que cumplirlas voluntariamente, de modo que la infracción de las leyes sea la excepción, no la regla.

LESIONES DE HISTORIA PATRIA

La naciente ciudadanía mexicana tiene una memoria histórica vigorosa, llena sin embargo de fantasías que ayudan poco a la construcción de una cultura democrática. Nuestra memoria histórica tiende a glorificar la rebelión, más que la negociación, y la violencia más que la política. En el almacén de esa memoria hay demasiados monumentos para los héroes derrotados y pocos para los triunfadores, lo cual introduce en el ánimo nacional cierta ambigüedad frente a los logros, cierta proclividad glorificante a la derrota.

Los sentimientos públicos que fluyen de esa pedagogía no son los de la competencia democrática abierta, sino una mezcla de resentimiento y victimismo. Nuestra enseñanza de la historia patria alimenta la idea de un pueblo caído, sometido, víctima de sus triunfadores, no la idea de un pueblo soberano, libre, que encumbra a quien lo merece.

111

Algunas de nuestras creencias colectivas son comprobables falsificaciones históricas: mentiras fundadoras.

Glorificación de la violencia

La historia patria nos ha enseñado a los mexicanos a celebrar la violencia. En las aulas se prodigan elogios al espíritu guerrero de los aztecas más que críticas al olor a sangre de sus templos. Cuauhtémoc es un héroe guerrero. Los padres de la patria, Hidalgo y Morelos, son dos curas insurgentes. Juárez es el triunfador de una guerra civil y una guerra de intervención extranjera. Los héroes de la Revolución mexicana son todos hijos de la rebelión militar. Nuestro panteón patrio está lleno de hechos de violencia no sólo dignos de admiración sino que explican nuestra grandeza.

Ocupan un segundo plano en nuestra historia los héroes civiles y culturales, los constructores y los civilizadores. Nuestra historia celebra la rebelión y la revolución, la larga lista de héroes insurgentes, rebeldes y revolucionarios: nuestros Hidalgos incendiarios, nuestros Morelos guerrilleros, nuestros Villas violentos pero justicieros; nuestros Zapatas intransigentes pero heroicos. Todos ellos, nos dice la cartilla de la historia patria, fueron llamados en su tiempo *rebeldes, antipatriotas, irresponsables, criminales, infidentes, robavacas*. Pero al final, justamente con su violencia, su valor y su radicalismo, fueron ellos quienes abrieron los caminos de la Patria, con actos intransigentes que la historia nacional ha impreso con orgullo en la conciencia de millones de mexicanos. Se es mexicano, entre otras cosas, porque se comparte la veneración de ese martirologio.

No se trata sólo de la celebración de los próceres. Se tiende a celebrar la idea misma de rebelión como una forma del hartazgo justiciero. La violencia es lógica partera de la historia en una sociedad injusta, agobiada por la opresión. Injusticia y violencia justa son caras de la misma moneda en el discurso histórico de la glorificación de la violencia.

«Un millón de muertos costó la Revolución», se dijo muchos años en los discursos y en las cartillas escolares, con raro orgullo estadístico por los estragos de la guerra. Como si la cantidad de muertos fuese cosa digna de admiración y la mucha sangre derramada tuviera por sí misma derecho a los despojos de la gloria.

Parece inevitable que un país cuyos únicos gobiernos estables han llegado al poder por la violencia, celebren la violencia en sus recuerdos al tiempo que la rechazan como un peligro público. La paz ha sido una obsesión de las mismas élites gobernantes que celebran, sin embargo, la violencia de sus próceres. Se instala así una ambigüedad esencial en la pedagogía pública sobre el tema. Nuestro discurso cívico rechaza la violencia como un mal indeseable; al mismo tiempo celebra en las aulas infantiles las hazañas de nuestros próceres, grandes o pequeños guerreros cuyo rastro de sangre mancha el pedestal de sus estatuas y es sin embargo la tinta conque están escritos los capítulos estelares de nuestra historia patria.

La celebración de la violencia como corazón de la historia no es privativa de México. Freud escribió entre las dos guerras una reflexión melancólica sobre el tema: «La historia universal que nuestros hijos estudian no es, en lo esencial, más que una serie de asesinatos de pueblos». Ésa es quizá la enseñanza en la que pensaba James Joyce cuando escribió, sacudido por la violencia endémica de Irlanda, que «la historia es una pesadilla de la que urge despertarnos».

La elección de la derrota

No sólo preferimos a los héroes violentos. Nos gustan además los derrotados. La posteridad histórica mexicana tiende a venerar a los héroes derrotados y a mirar con recelo a los personajes triunfadores. Es así como se ha erigido en símbolo fundante de la nacionalidad la figura sacrificial de Cuauhtémoc, el guerrero azteca que ejemplifica la resistencia heroica pero también la derrota ineluctable de su pueblo. Son padres de la patria, forjadores de su independencia, Miguel Hidalgo y José María Morelos, los curas guerrilleros que perdieron la vida y fracasaron en su causa independentista, varios años antes de que la consumara uno de los grandes villanos de nuestra historia, Agustín de Iturbide.

El panteón de la Revolución mexicana prefiere también celebrar a sus águilas caídas antes que a sus caudillos ganadores. Tiene puesto su orgullo en el martirio de Madero, la fidelidad agraria de Zapata, la violencia plebeya de Villa, más que en el sentido de nación de Carranza, el genio político de Obregón o la visión fundadora de Calles. No se exagera mucho si se dice que, al final de la línea, la historia de México no la han escrito siempre los triunfadores.

El problema de consagrar a los derrotados en vez de a los triunfadores es que instala en la conciencia nacional un rastro de inconformidad, si no de resentimiento, con los hechos reales de nuestra historia. Como si el pueblo de México hubiera tenido siempre la mala suerte de que no ganaran en su historia los buenos sino los malos, no el heroico Cuauhtémoc

114

sino el odiado Cortés, no las encarnaciones del pueblo, Zapata y Villa, sino los conservadores, pragmáticos y oportunistas, Obregón y Calles.

No sé si alguien haya evaluado el impacto profundo que estas consagraciones de las derrotas y este recelo frente a las victorias dejan en la cultura cívica de los niños cuando aprenden las extrañas cosas que la historia patria les enseña. Esa historia introduce desde muy temprano una actitud ambigua ante los héroes y los logros del país.

Hay que llamar tiranos a los españoles y edad oscura a la Colonia donde se forjó la nación, hay que llamar padre de la independencia a un sacerdote que fracasó en su lucha independentista y hay que llamar usurpador al militar que tuvo éxito en ella y que es el verdadero artífice de la independencia de México. Hay que reverenciar constituciones que no se han cumplido nunca y celebrar guerras, violencias y sangrías que deberían más bien avergonzarnos. Sobre todo, hay que dudar de los triunfos de otros, siempre sujetos a sospecha, y reservar para nuestra admiración la epopeya de los vencidos. Si la derrota es el ámbito de nuestra grandeza, el centro de nuestra pedagogía moral será asumirnos como víctimas, caer siempre con la cara al sol.

Victimismo y resentimiento son caras de la misma moneda. Nuestro nacionalismo tiene mucho de esos ingredientes.

Nacionalismo defensivo

El nacionalismo es una de las grandes pasiones del siglo XX, fuente de guerras, atrocidades y solidaridades no superadas por ningún otro sentimiento público. En la historia de los pueblos, el nacionalismo es la raya fundadora del yo y el nosotros como opuesto al tú y al ellos. Es una certidumbre tumultuosa que incluye la pasión tribal de la pertenencia y la pasión paranoica del agravio que otros nos han infligido.

El nacionalismo mide el mundo en superioridad o inferioridad, en triunfo o derrota, en nos hicieron y les hicimos. El nacionalismo no sabe olvidar, mejor dicho, recuerda continuamente lo que otros nos hicieron injustamente y lo que heroicamente les hicimos a otros. No olvida ninguna de las dos cosas, porque en ese victimar a los demás o ser victimados por ellos está el secreto de nuestra pertenencia y nuestra diferencia, el secreto último que nos hace a nosotros «nosotros» y a ellos, «ellos».

Como con muchas otras pasiones públicas, lo decisivo en el nacionalismo es una cuestión de grado. Puede ser una fuerza vinculante y tranquilizadora, proveedora de pacífica cohesión, y puede ser un demonio colectivo en busca de venganzas reales por agravios imaginarios. Puede ser una pasión genocida o una pasión solidaria. Pero es un licor potente y tóxico que separa tanto como une, y se derrama con facilidad.

El nacionalismo ha sido una de las pasiones de México. Lo ha unido y también le ha torcido la mirada. Ha sido un nacionalismo defensivo, en cuyo fondo puede tocarse un núcleo victimista que mira hacia el exterior con recelo. Ese rasgo defensivo de nuestro nacionalismo, vive de la cuenta de sus agravios, de lo que otros, en particular Estados Unidos, nos hicieron en el pasado y del resentimiento cultivado de recordarlo no sólo como un hecho del pasado, también como un peligro del presente y como un riesgo del porvenir.

El nacionalismo cohesionó a México, le dio sentido de país y orgullo de comunidad, pero también le cerró los ojos, estimuló su provincianismo, lo llenó de mentiras exaltadoras. En el camino de la construcción nacionalista mexicana se han acumulado muchas mentiras fundadoras, constitutivas de nuestros orgullos nacionales.

He mencionado ya la veneración de Cuauhtémoc como padre de la nacionalidad y la respectiva satanización de Cortés. Detrás de esa consagración, está uno de los mayores lastres de nuestra conciencia que es la negación de nuestra herencia hispánica, la lectura de la conquista y la colonización españolas como un oprobio y no, también, como una creación.

Nuestro nacionalismo se estrena inventándose víctima de la dominación española y culmina asumiéndose víctima de la codicia norteamericana. El mito de los Niños Héroes, un grupo de cadetes que pierden la vida peleando contra el invasor estadounidense en 1848, resume todas las aristas del victimismo nacionalista: la heroicidad del caído, el abuso del triunfador, la bondadosa inermidad de la nación, la perversa codicia del extranjero, la melancolía de la derrota, el temor a la repetición del daño, la disposición a impedirlo aun al costo de una nueva colección de víctimas.

El nacionalismo defensivo fue una especialidad de la pedagogía pública del siglo XX mexicano, uno de los productos estelares de ese gran surtidor de mitos cohesionadores que fue la Revolución mexicana.

Cuentos de la Revolución
De la Revolución mexicana han salido algunas de las misti-

ficaciones más difíciles de erradicar en el camino de la modernización de México.

Algunos de esos inventos son de índole histórica. Por ejemplo, que el verdadero espíritu de la Revolución mexicana está mejor representado por quienes la perdieron, Zapata y Villa, que por quienes la ganaron ——Carranza, Obregón y Calles.

Otras tergiversaciones salidas de la Revolución mexicana se refieren no a hechos históricos sino al extraordinario poder que ha tenido entre nosotros el pensamiento oficial, la manera como sucesivos gobiernos fueron añadiéndole significados, intenciones y proyectos a la Revolución mexicana, hasta volver sus ocurrencias políticas parte no de la historia sino de la mismísima mexicanidad.

Una de las instituciones más desastrosas para la productividad en el campo, el ejido, fue visto durante décadas como encarnación original de la justicia prometida por la Revolución. La acumulación de monopolios estatales (petróleo, electricidad, teléfonos) fue también vista en momentos sucesivos como acumulación de nacionalismo y garantía de justicia para los mexicanos. La dignidad y la grandeza de la patria estuvieron depositadas alguna vez en la posesión gubernamental de los ferrocarriles, las líneas aéreas, los bancos y la compañía telefónica.

Una mayoría abrumadora de mexicanos cree con fe de carbonero que la propiedad pública del petróleo o el monopolio gubernamental de la energía eléctrica son pilares de la integridad nacional, ejes de la nación y de la nacionalidad.

El catálogo de creencias e instituciones que llenan todavía el saco de lo que llamamos Revolución mexicana fue durante décadas la ideología nacional de México, el referente fundamental de la cultura política del país. La Revolución mexicana sigue pesando sobre nosotros. Es en cierto sentido una desgracia que así sea. El horizonte ideológico de la Revolución mexicana es de matriz corporativa, poco liberal y poco democrática. Tiene un fondo demagógico y populista que apenas puede ocultarse. Ha sido el surtidor de muchas cosas buenas de México, como la estabilidad, pero también de algunas de las más abominables de nuestra historia, como la corrupción, el clientelismo y la cultura de la ilegalidad.

Muchos de los mitos del catálogo de la Revolución mexicana han sido demolidos, muchos otros siguen vivos. La modernización y el contacto con el mundo han diluido muchos de esos contenidos en las élites mexicanas. Pero sería una temeridad desafiarlos en la mayoría de la población.

Los cuentos de la Revolución siguen teniendo fuerza. Son piezas de museo frente a los hechos de la globalización de fin de siglo. Pero es un museo vivo en el corazón de millones de mexicanos.

Éstas son algunas de las lesiones de historia patria que arrastra la memoria del país: glorificación de la violencia, elección de la derrota, nacionalismo defensivo, pedagogías del resentimiento y el victimismo, mentiras fundadoras. ¿Estamos condenados a vivir con ellas, a no poder disipar los fantasmas que nosotros mismos hemos construido? Añádanse los retos de los actores de la nueva democracia mexicana: la refundación de sus partidos políticos, la transparencia de los medios, el bajo compromiso ciudadano con la ley, la autoridad y el gobierno.

El retrato final acaso sea el de una sociedad cuyas costumbres están por debajo de la vida democrática moderna que debe construir. Esa sociedad ha democratizado su sistema electoral, pero no sus valores y su cultura cívica. Era demasiado moderna para vivir en el molde de PRI. No es suficientemente moderna para construir una democracia estable.

La sociedad mexicana debe reformar sus costumbres para darse gobernabilidad democrática. Debe responder también a los desafíos de la globalización, un huracán de cambios que toca a la puerta de todos. Es el tema de las páginas que siguen.

IV
Democracia y modernidad

INSTITUCIONES Y COSTUMBRES

México está mejor equipado que nunca para que su apuesta democrática sea coronada por el éxito. Como hemos dicho antes, por primera vez en su historia tiene un electorado real. Tiene partidos nacionales con clientelas y votantes. Tiene la costumbre política de negociar y de incluir antes que de pelear y segregar. Tiene orientadas hacia la modernidad las partes más activas y mejor educadas de su sociedad.

Lo que la democracia mexicana tiene en contra es su historia: la tentación de discordia de las élites políticas; la búsqueda de autoridades paternales; la fascinación por los caudillos y los atajos; la falta de disciplina ciudadana; los hábitos del gran gobierno al que pedir, los reflejos del nacionalismo defensivo, con su carga victimista, los cuentos de su historia patria. La democracia es todavía una planta exótica en nuestro suelo, como lo fueron en su tiempo el idioma español, la rueda, el ganado y la religión católica. Su aclimatación requiere jardineros que tengan tiempo y cuidado, tolerancia y mesura. Requiere también entender que los frutos de esa mata no sirven para todo, no calman todas las hambres, ni arreglan todos los problemas.

La irritación ciudadana tiende a creer que basta tener elecciones limpias o echar al PRI del gobierno para que los problemas nacionales se resuelvan. Hay calamidades históricas que ningún gobierno puede resolver. No hay soluciones mágicas para la pobreza de millones, la escasez de agua, la baja tasa de ahorro, el atraso científico, las inercias de la cultura política. Del fondo de la sociedad siguen brotando esperanzas de un gobierno providencial que resuelva todo. La historia nos ha alcanzado con la más sencilla de sus verdades: no hay atajos. Nuestra persistente construcción de un Gran Gobierno se desploma una y otra vez ante nuestros ojos. Con humor postmoderno dice un amigo que la diferencia entre el subdesarrollo y el desarrollo es que en el subdesarrollo los políticos se ríen de los ciudadanos y en el desarrollo los ciudadanos se ríen de los políticos. Para la ciudadanía democrática es saludable mirar hacia sus políticos como opciones imperfectas de vida pública, más que como soluciones venidas del cielo.

Las soluciones de fondo para nuestros problemas son bien conocidas, moneda corriente de nuestra discusión pública: democracia, legalidad, justicia, educación, productividad. Ninguna de esas soluciones es simple, todas llevan tiempo, requieren más que la voluntad o la pericia de un gobernante. Requieren la genuina voluntad de cambio de toda una sociedad. En realidad, plantean una reforma profunda de la vida pública de México, más allá de la transparencia electoral. En muchos aspectos, esa reforma pide el cambio de nuestras costumbres más que de nuestras leyes; supone una transformación de los hábitos y valores de la cultura cívica heredada que es como nuestra segunda naturaleza.

México necesita una reingeniería de sus instituciones y una transformación de sus costumbres ciudadanas. Éste es el tamaño del reto en que está empeñado. Conviene tenerlo en mente no para rendirse ante su dificultad, sino para acometerlo con realismo, sin ilusiones de una victoria fácil, pero con la certidumbre de una tarea de dimensiones históricas, que nos lleva en sus lomos y a la que es imposible resistirse.

La reforma de la cosa pública en México es un capítulo de su modernidad buscada. La modernidad ha sido una pasión continua y un viejo fracaso de los mexicanos. Hay cierta lógica en eso. La modernidad no es un lugar fijo que se alcance, es un punto de fuga en continua expansión, una frontera nómada. En realidad es una furia que viene de todos lados imponiéndose con una fuerza civilizatoria que es imposible resistir. Crea tanto como lo que destruye y destruye antes de crear.

Ello no obstante, creo que no hay mejor respuesta a las carencias heredadas de México que su antigua persecución de la modernidad, la decisión de poner su reloj a la hora del mundo. Es ahí donde están las oportunidades, aunque también estén los riesgos. En la repetición del atraso no hay oportunidad ninguna. Hay sólo inmovilidad y el peor riesgo de todos: recluirnos en nosotros mismos, si eso fuera posible, justamente en la hora en que el mundo arrasa nuestras fronteras.

El reto es el mismo de siempre: no hemos llegado a la modernidad pero estamos gobernados por ella. No hemos alfabetizado el país y ya tenemos encima internet. No hemos tenido un desarrollo industrial de gran escala y ya estamos en las realidades del mundo postindustrial. No hemos resuelto las enfermedades gastrointestinales y ya tenemos males de sociedad desarrollada. No hemos resuelto nuestro pasado y ya nos asedia el futuro.

En nuestros días, el nombre público de la modernidad es globalización. Hace unos años se discutía en América Latina la urgencia de entrar a la postmodernidad. Debíamos mostrarnos hartos del banquete, sin haber estado en él. Algo semejante nos sucede con la globalización. Tenemos que entrar a la globalidad de las economías abiertas, la revolución técnica, la supranacionalidad de los Estados, sin haber construido una economía de mercado, una capacidad de adaptación tecnológica, ni un Estado moderno.

La globalización, como la modernidad, tiene dos rostros: es una promesa universal de mejoría y una amenaza de pérdidas irreparables. En algunos círculos ha revivido el diagnóstico de la lógica catastrófica del progreso: anticipaciones de un mundo en que no habrá un centro hegemónico sino un desorden de todos contra todos. Ha revivido también cierta nostalgia del Estado nacional como dique de contención de las fuerzas locas del mercado. El conjunto está sazonado por la incertidumbre más que por el entusiasmo del cambio.

Es un nuevo capítulo del viejo litigio histórico de la modernidad. La historia registra los altos costos de su paso, tanto como su poder creativo, su capacidad de abrir fronteras inéditas de riqueza y civilización.

ESTADO Y MERCADO
De frente a los riesgos de la globalidad, hay cuestiones que deben ser materia de una negociación internacional para crear nuevas instituciones que den certidumbre a través de las fronteras. Pero los

países individuales tienen que hacer su tarea. Las locuras de la globalización no deben ser una coartada para no mirar los hoyos de nuestras instituciones financieras, la minoría de edad fiscal de nuestros Estados, la falta de claridad y certidumbre en las reglas de juego, la poca disciplina económica de los gobiernos o el anacronismo de nuestras redes educativas. El único seguro a la mano contra los riesgos de la globalización es poner en orden la propia casa, construir una economía estable, sin desequilibrios, y un Estado sólido, capaz de ofrecer seguridad en todos los órdenes. La libertad es hermana siamesa de la seguridad, dice el exjefe de gobierno español Felipe González: ninguna libertad verdadera puede crecer en un mundo inseguro.

El Estado nacional vive cercado por los amagos opuestos de la globalización y la descentralización. La globalización lo acerca a los dictados del mercado mundial; la descentralización lo jala a las urgencias de la aldea, la comunidad, el municipio. Puede anticiparse una era de sistemas políticos democráticos integrados a fuertes procesos de globalización en el que parecerán arcaicos temas como la soberanía, las fronteras, la moneda y el control del territorio. Por otra parte será un poder más local, más atento a las comunidades pequeñas y más regulado por éstas. En suma, una doble proliferación de la aldea global y la aldea local, sólo en apariencia contradictoria.

No hay modernidad nacional en el mundo de hoy que no incluya el saneamiento de las finanzas públicas, la apertura comercial y la competitividad internacional, la liberalización de la economía, la inversión extranjera, la actualización tecnológica, y los costos que cada una de esas cosas implica, en particular para países como México que fue por décadas en el sentido contrario.

Del mismo modo que las oleadas napoleónicas de principios del siglo XIX fueron irresistibles para las monarquías europeas y sus dominios de ultramar —aunque cada país mató las pulgas de su orden monárquico y colonial como pudo—, al final del siglo XX, el triunfo de las economías de mercado y sus innovaciones tecnológicas dejó también abierta a cada país la modalidad de su adaptación a las condiciones del orden mundial, pero no la posibilidad de sustraerse a su mandato civilizatorio.

A la profundidad de estos cambios trataron de adaptarse los gobiernos mexicanos de los ochenta y noventa. Utilizaron los elementos autoritarios del México corporativo, para echar las bases de un modelo de desarrollo más orientado al mercado, en seguimiento de la orientación que ya dominaba el mundo. Fue una adaptación devastadora para el PRI y costosa para la sociedad, que no cosechó pronto los beneficios del cambio.

No hubo, por desgracia, nada nuevo en esa adaptación costosa. Es lo que ha venido sucediendo en México desde las reformas borbónicas del siglo XVIII: adaptarse con dificultad a los cambios del mundo. La modernización borbónica propició la revuelta de la independencia, la reforma liberal costó medio siglo de discordias, la modernización porfiriana disparó la Revolución de 1910, la apertura económica de fin del siglo XX dio lugar a las fracturas del año de 1994: rebelión y magnicidios. Son todas modernizaciones incompletas y costosas. Sin embargo, le han dado más cosas al país que la quietud, el encierro o el inmovilismo.

La diversidad del México democrático en que desembocaron las reformas de fin del siglo XX está urgida de nuevos acuerdos fundamentales: consensos activos que den certidumbre hacia el futuro. México necesita dar respuestas propias a los desafíos del nuevo mundo. Para empezar debe rehacer su mezcla de Estado y mercado. En todos los países, dice Shimon Peres, el antiguo primer ministro israelí, hay dos coaliciones: la coalición política, formada por los partidos, la opinión pública y el gobierno, y la coalición económica, formada por los empresarios, los sindicatos y el gobierno. México necesita fundir esas dos coaliciones en un solo proyecto de futuro. Debe dotar a la coalición política de visión y responsabilidad económica. Y debe dotar a la coalición económica de visión política y responsabilidad social.

El dilema no es más Estado o más mercado. Como lo muestra la antigua Yugoeslavia, puede haber algo peor que los excesos del Estado: la falta de Estado. Como lo muestra el caso de Cuba, puede haber algo peor que los excesos del mercado: la falta de mercado. De hecho, lo que hace falta es más mercado y más Estado. No debe confundirse mercado con azar, ni Estado con opresión. Sólo un Estado fuerte y bien organizado puede ofrecerle estabilidad y reglas claras al mercado. Sólo un mercado pujante puede ofrecer al Estado recursos sanos suficientes para sus tareas de gobierno y redistribución de oportunidades. Los excesos del mercado pueden acabar con el mercado, advirtió en su momento el financiero George Soros. Los excesos del Estado terminaron con el Estado en los países socialistas.

En un país como México el Estado tiene que ser algo más que el gendarme que cuida la acción de la mano invisible. Tiene que ser el lugar de redistribución de las oportunidades. México necesita un Estado fuerte que se ocupe de cuestiones fundamentales, ajenas al mercado: la cohesión social, el capital humano y el andamiaje territorial. La cohesión social está amenazada en México por las diversidades del ingreso y del desarrollo regional. El capital humano ha tenido una explosión cuantitativa y una involución cualitativa en sus dos pilares básicos: educación y salud. La infraestructura física tiene un rezago que limita el crecimiento de la economía. El deterioro del territorio —agua, suelos, bosques— es una luz amarilla en la viabilidad estratégica de la nación.

Conviene a un país como México plantearse la rentabilidad de largo plazo de la justicia social. Hay que mirar hacia la equidad como una inversión, no como una filantropía. Ni la democracia ni la prosperidad pueden durar en sociedades desintegradas. Al final, los intereses estratégicos de la cohesión social y de la ganancia son convergentes. Ambas requieren una economía de mercado pujante y un Estado fuerte.

MODERNIDAD Y EDUCACIÓN

El sentido común y el instinto de sobrevivir nos exigen construir sociedades integradas hacia dentro y eficientes hacia el mundo, pero toda cohesión que no pase por la modernidad será en algún momento desbaratada por el poder penetrante de ésta y por la eficiencia de sus instrumentos. No hay pueblo edénico a donde regresar, no hay costumbre ni choza a salvo de los demonios del progreso técnico. No hay refugio a salvo de la revolución técnica y los heraldos del cambio.

La tecnología es el caballo de Troya de la modernidad. Lo ha sido siempre. El arado desplazó un mundo. El caballo de vapor desplazó otro. La computadora está dejando atrás el mundo del siglo XX. Lo hace a una velocidad inhumana. Afecta casi instantáneamente a más millones de seres humanos que nunca antes en la historia. Es una fuerza destructiva, pero es también, acaso como ninguna de las revoluciones tecnológicas de la historia, una fuerza extraordinariamente vinculante que rompe fronteras y aislamientos. Su vértigo puede no ser sólo un despeñadero, puede ser también una oportunidad de recorrer en años lo que antes se recorría en décadas.

En la aldea global entrevista por Marshall McLuhan todos estábamos bañados por el mismo mensaje. En eso consistía nuestra globalidad, en ser receptores del mismo mensaje, depositarios de la misma revolución de las expectativas. En la aldea global conectada por los instrumentos de la globalización que nos libera y nos amenaza, hay un espacio interactivo, la oportunidad no sólo de ser bañado por el mismo mensaje, sino de ser parte activa de la red emisora, de escoger y emitir nuestro propio mensaje. La aldea global interactiva no es sólo un horizonte obligatorio, es una oportunidad.

El camino más corto al desarrollo se mide por generaciones y se llama educación. La globalización tecnológica es una oportunidad de igualación de oportunidades educativas. He visto en una modesta escuela pública de un estado pobre de México a un grupo de muchachos aprendiendo en la computadora el más adelantado programa de enseñanza de la química que pueda conseguirse en el mundo. En lugares apartados de la sierra y la selva de México, grupos de jóvenes atienden por la televisión cursos impartidos por los mayores especialistas del país, eminencias a cuyos conocimientos hace una década no hubieran tenido acceso sino sus alumnos de la universidad.

Hay que repensar nuestra educación, imaginarla con escuelas adaptadas a los instrumentos de la aldea global interactiva.

Escuelas abiertas al mundo desde la más pobre y local de las comunidades. Escuelas capaces de servir a los nuevos y a los viejos educandos, los educandos que somos todos en el mundo de la revolución de los conocimientos, el mundo inevitable de la educación continua y la continua recapacitación para el trabajo.

Toca a su fin la época de las carreras únicas y las vocaciones unívocas. Hemos de ser multifuncionales o anacrónicos, asunto que golpea el centro de una de nuestras más socorridas mitologías modernas: la mitología de la vocación irreductible y de la vocación temprana, la mitología del llamado interior que nos ha puesto en el mundo para ser una sola cosa, soldado o escritor, sacerdote o médico, y nada más.

El vertiginoso cambio técnico nos enfrenta a un mundo laboral de carreras múltiples, de múltiples empleos productivos para el mismo trabajador, de múltiples opciones vocacionales y múltiples actualizaciones dentro de la misma profesión, de modo que para seguir siendo un ingeniero o un economista funcional, hay que mantenerse al tanto de la profesión, olvidar lo aprendido y aprender de nuevo cada tantos años, como si cursáramos infinitamente el primero de la facultad donde hicimos nuestra primera profesión de ingeniero o economista.

El camino más corto al desarrollo es la educación. El camino más corto a la educación es educar al educador. Decimos que tareas centrales del Estado moderno han de ser la creación de capital físico (infraestructura) y capital humano (educación y salud). Habría que añadir la tarea del capital informático: construir las carreteras de la aldea global interactiva. Nueva noción de obra pública: la obra pública como difusión de instrumentos tecnológicos. Maestros, antenas y computadoras para todas las escuelas, pero escuelas, antenas y computadoras para todos los maestros, sin olvidar la *lingua franca* de la aldea global interactiva: el inglés.

La expansión de la educación mexicana ha sido una hazaña cuantitativa. Es, a la vez, como lo documentó Gilberto Guevara Niebla en un estudio, una catástrofe silenciosa en el aspecto cualitativo. La rutina induce a confundir escolarizar con educar, el hecho de construir escuelas con el hecho de enseñar lo que la gente debe aprender. La pregunta mayor de la educación sigue vigente: ¿educar, para qué? ¿Qué debe aprender la gente? Esta pregunta no ha sido respondida con claridad dentro de la educación mexicana. Creo que la gente debe aprender en la escuela lo que necesita para resolver su vida. En el México joven y subcalificado de principios de siglo XXI esto significa, en primer término, aprender lo que necesita para obtener un empleo. Y aún mejor: para crearlo.

Esto implica conectar la educación a la vida práctica. La dinámica burocrática separó las escuelas de las necesidades del país. Gobierno y magisterio pusieron la educación básica fuera de toda forma de auscultación pública o evaluación ciudadana. La educación superior padeció una separación semejante, mediante el mito de la autonomía de las universidades públicas, que las volvió tan celosas de la intromisión externa como poco flexibles a las demandas del mundo exterior. El resultado ha sido un sistema de educación pública por su mayor parte ajeno a las necesidades prácticas del educando y de la sociedad. Hay que devolver la educación a la sociedad, hacerla útil para ella y, por lo tanto, para el educando. La educación debe restablecer sus vínculos con la vida práctica, asumir su misión como instrumento de supervivencia y movilidad social, más que como saber puro o prestigio.

Quizá la noción que debe regir nuestra educación en el futuro es lo que los pedagogos llaman pertinencia: aquello cuyo aprendizaje es funcional para ayudar al educando no a acumular conocimientos sino a resolver su vida. Pertinencia educativa quiere decir, entre otras cosas, no enseñarle náhuatl a quien va a necesitar inglés y no habituar a la máquina de escribir a quien va a escribir en computadora. La educación debe ser una cuidadosa incubadora de lo que el país y la sociedad necesitan, no de lo que los educadores y los burócratas saben enseñar. Los educadores deben reeducarse en las necesidades y los instrumentos del mundo que los rodea, para que sus alumnos puedan sacar de ellos la educación que necesitan para vivir en ese mundo.

Hay lo que se enseña en la escuela y hay lo que se aprende en el ágora. Una fractura de nuestra educación pública es que se aprenden cosas distintas en ambos lados. Hay que desconstruir una pedagogía pública antigua y construir una nueva. El gobierno debe proponerse una nueva pedagogía y la sociedad abrirse a un nuevo aprendizaje.

¿Qué quieren decir, por ejemplo, nuestros conceptos básicos, los conceptos con los que hemos pensado la vida pública del siglo XX, frente a las realidades sociales y económicas traídas por la revolución tecnológica? ¿Qué quieren decir en la era internet conceptos como trabajo, Estado, nación, soberanía, desigualdad, riqueza, sociedad, democracia, propiedad, educación, capital, socialismo, liberalismo? Pensando hacia el siglo XXI esos conceptos, midiéndolos con las nuevas realidades de la globalización y el cambio tecnológico, acaso descubramos que estamos todos con rezago, que somos todos reos del pasado.

Por último, el dinero. Las limitaciones presupuestales del proveedor hegemónico de educación que ha sido el Estado, nos han conducido como sociedad a una inaceptable paradoja: tenemos el mejor de nuestros recursos, la cabeza de nuestros hijos, en manos de profesionales que se encuentran entre los peor pagados del país. Éste es un hecho que debemos mirar de frente y corregir, empezando por hacernos cargo de que la solución no vendrá, no podrá venir, sólo del Estado. Tendrá que venir también de la comunidad. Si los ciudadanos quieren mejores escuelas tendrán que pagar más impuestos. Si el gobierno quiere convencer a los ciudadanos de que paguen más impuestos para sus escuelas, tendrá que dejarlos entrar a ver cómo se gastan esos impuestos y a evaluar si las escuelas sirven o no.

Tendrá también que abrir las escuelas a la comunidad. La nueva ley federal de educación prevé la existencia de consejos de participación en la escuela pública. Pero en pocas escuelas funcionan. Hay que quitar los diques burocráticos para que esos consejos se vuelvan focos dinamizadores de la escuela pública. Hay que poner fin al monopolio que autoridades y maestros ejercen sobre ese espacio del que los padres de familia fueron expulsados por razones ideológicas: para evitar que a través de su catolicismo mayoritario pudiera filtrarse a la escuela la influencia de la Iglesia católica. Hay que abrir también la posibilidad de que las comunidades financien directamente sus escuelas, cubran con sus propios recursos lo que los presupuestos públicos no alcanzan a cubrir. Deben abrirse los espacios para que la comunidad haga de sus escuelas grandes escuelas y de sus maestros profesionistas bien pagados.

Pensando el 2050

El futuro es lugar de prodigios y sorpresas. Dicen los profetas del futuro que en el año 2050, la América Latina, del río Grande a la Patagonia, tendrá 600 millones de habitantes y América del Norte otros 600, de los que 160 serán mexicanos. Habrán desaparecido de nuestro hemisferio varias lenguas, algunos países y acaso todas las monedas menos una. El continente será bilingüe y multicultural, tal como tienden a serlo sus ciudades mayores, de Nueva York a Río, de Buenos Aires a Miami, de la Ciudad de México a Los Angeles.

Si las cosas siguen como van, dentro de medio siglo el hemisferio occidental seguirá siendo el lugar de las desigualdades: países ricos y países pobres, élites cosmopolitas y multitudes provincianas. Pero será también el lugar de la mezcla y la migración, el lugar del asalto a las fronteras del bienestar para millones de hombres y mujeres picados por la fiebre del futuro, decididos a buscarlo donde brillan las luces de la prosperidad.

Al paso que lleva, México tardará setenta años en alcanzar el nivel de vida que tiene hoy Estados Unidos. Para entonces Estados Unidos estará por lo menos una vez arriba del nivel de vida que tiene hoy, pero tendrá viviendo en su territorio, como parte de su pobreza y su riqueza, a treinta o cuarenta millones de mexicanos. Y otros tantos de otras nacionalidades latinas. Hacia mediados del siglo entrante, por cada quince personas que trabajen en

Estados Unidos, estarán jubiladas diez. La estadounidense será una sociedad de rentistas viejos, jóvenes adultos y profesionistas de edad madura. Como en sus años de fundación, en los de su madurez necesitará traer del resto del mundo energías jóvenes, ambiciones sin colmar.

Puedo imaginar un gigantesco mercado común, con la cabeza y los hombros en Estados Unidos, la cintura, las caderas y la mitad de sus consumidores en México, Centroamérica y el Cono Sur. Puedo imaginar sobre ese cuerpo una población en perpetuo movimiento por razones de trabajo, estudios, placer y negocio, una colección de países en los que lo global se habrá vuelto local y lo local, global.

La pobreza y la riqueza se medirán por la capacidad de las familias de recibir y procesar información en sus computadoras. El progreso atado a ese nuevo panteísmo que llamamos ecología, habrá resembrado en el continente sus enormes bosques originarios, habrá limpiado sus litorales y sus aguas, y devuelto el equilibrio a sus faunas y floras.

Los libros de papel habrán desaparecido, junto con los autos de gasolina, el cáncer de mama y otros destinos genéticos, borrados al nacer sus portadores. Mis nietos comenzarán a vivir en las primeras décadas del siglo la vida centenaria que yo no tendré, las mujeres serán por fin la mitad y algo más en todos los órdenes del amor y el trabajo, y los viejos de sesenta años estarán a la mitad y no en el último tercio de la vida.

¿Cómo será la vida diaria? Más conectada que nunca a vidas remotas, tan próximas a nosotros como puedan serlo la instantánea comunicación de cuerpo entero por internet y canales de video.

¿Habrá un abismo cada vez mayor entre los privilegiados y los excluidos? Habrá un abismo de conocimiento y bienestar entre el

137

punto más alto de la riqueza y el punto más bajo de la pobreza. Pero la riqueza total del mundo será mayor. Entre el punto más bajo de la pobreza de hoy y el más bajo de la pobreza de mediados del siglo XXI habrá también otro abismo, tan grande cualitativamente como el que pueda haber entre el más grande de los ricos de hoy y el más grande rico de hace cincuenta años.

¿Se recluirán los ricos en comunidades cerradas y herméticas por temor al crimen? Los ricos inventarán nuevos shangrilás vedados a las desgracias que no sean de su propia invención, y el mundo seguirá golpeando y asediando sus puertas con los fantasmas de la mendicidad, el odio, la envidia, la adulación y la amenaza.

Usos, modas, gustos, costumbres y noticias serán globales. Pero la patria seguirá siendo irreductiblemente mínima y local, seguirá teniendo el sabor de las cosas que comimos en la infancia, el color y la forma de las cosas a las que abrimos los ojos por primera vez.

Los pobres migrarán con su casa a cuestas. El siglo XXI les será favorable porque será un siglo de vastas migraciones y fronteras porosas, de mercados globales, nacionalidades mixtas, residencias múltiples. Una nueva riqueza disponible para los pobres será el achicamiento cultural y tecnológico del mundo. Podrán quemar etapas, cruzar en una generación varias épocas históricas, pasar de la comunidad prehispánica a la aldea global, como pasan hoy los migrantes mixtecos de las montañas de Oaxaca a Los Angeles.

Todas estas cosas nuevas, portentosas, previsibles y fantásticas pasarán o no. Como enseña la historia, el futuro es lugar de prodigios y sorpresas. Algunas cosas fundamentales podemos sin embargo tener por seguras. Entre ellas, las siguientes:

Las ballenas seguirán refugiándose en las aguas del golfo de California para parir. Las mariposas monarca seguirán plegando sus alas en su santuario de Michoacán. Las mujeres seguirán sufriendo por la frialdad de los hombres y los hombres por la indiferencia de las mujeres. Los novelistas seguirán contando historias de amantes desdichados y familias extraordinarias. Los poetas seguirán viendo a través de la niebla y Mozart sonando a través de los tiempos. Las cumbres de la cordillera andina que dibujan el cuerpo esbelto de Chile y las hendiduras sin fin del Cañón del Colorado apenas habrán sentido en su piel la adición milimétrica del paso del tiempo.

El futuro, hay que repetirlo, es por excelencia el lugar de los prodigios y las sorpresas. Nueve de cada diez cosas que existirán dentro de cincuenta años no existen hoy. Nueve de cada diez cosas que nos rodean hoy, quizá no existían hace cien años. De por sí las cosas han cambiado suficiente. Contaré para terminar este libro dos historias del tiempo.

La primera es sobre los adivinos de ayer y los científicos de ahora.

Quien quería saber algo sobre su vida y su muerte consultaba antes a magos y gitanas. Hubo un secretario de Hacienda mexicano que en los años cincuenta del siglo anterior fue a la India a escuchar a un nigromante al que acudían príncipes y actores, brahmanes y mandatarios, mujeres dudosas y hombres melancólicos de todos los lugares de la tierra. El vidente, ciego y manco, leía la vida y la muerte, pidiendo como único pago de entrada que el invitado aceptara la doble adivinación de la fecha de su nacimiento y la del fin de sus días. Luego, le contaba los hechos que le esperaban adelante.

El secretario de Hacienda volvió decepcionado del vidente porque falló desde el prólogo, diciendo mal su fecha de llegada al mundo, a partir de lo cual todas las buenas cosas que el funcionario escuchó del adivino, entre ellas que habría mujer joven y fortuna nueva, no entraron en su ánimo. De vuelta al país natal, el secretario visitó a su madre anciana, moribunda de los años, y le contó su decepción. Cuando le dijo la fecha errónea de su llegada al mundo inventada por el vidente, su madre palideció.

—Es la fecha correcta en que naciste —le dijo—. Te registramos meses después en otro sitio, porque tu padre te quería nativo de su ciudad. La fecha fue cambiada por error del escribiente.

Los augurios de la vida y la muerte han cambiado desde entonces. Leí hace algún tiempo un reporte sobre el dilema ético del cáncer de mama, un mal que puede diagnosticarse con certeza décadas antes del primer síntoma. Puede saberse desde el parto si la bebé que apenas toca el mundo teje ya dentro de sí un cáncer de mama para su edad adulta. El daño remite a un futuro lejano pero inexorable, que puede preverse pero no curarse con anticipación. El dilema ético de los médicos es si deben decirlo a los padres. La advertencia no alivia nada, es una condena diferida. Los padres que la reciben, empiezan a cargar el dilema de los médicos: ¿deben o no decirlo a sus hijas? ¿Deben prepararlas para el mal que vendrá o dejarlas vivir inconscientes, como todos, de la muerte que crece silenciosamente en ellas?

Hay mejores y peores salidas prácticas al dilema. Padres optimistas harán discreto caso de la profecía y esperarán la solución ansiada de la ciencia. Padres melancólicos vivirán bajo la sombra del destino anunciado como bajo una sentencia que se paga día a día. El momento inquietante del dilema, sin embargo, es *saber*: quitar por un momento la certeza de libertad y campo abierto que constituye por su mayor parte la ilusión de estar vivos, el hecho de no saber sino aproximada y ciegamente el límite de nuestra vida, la forma y hora de nuestra muerte.

La ciencia completará la profecía. Podrá decir a todo el que nace, desde que nace, el tiempo de su vida y la causa de su muerte. Podrá también limpiar la cadena genética de las debilidades hereditarias, de modo que los seres humanos puedan vivir ciento treinta años. Anticipando esas vidas largas, se sugiere ya que la causa principal de muerte en el planeta llegará a ser el suicidio: la decisión voluntaria de no seguir viviendo porque la vida ha colmado todas las esperanzas o infligido todas las penas que un ser humano puede tener.

Se sufre, decía Borges, porque la vida es demasiado corta o demasiado larga. Salvo accidentes, guerras, catástrofes y homicidios, que siempre habrá, la vida demasiado larga será en el mundo que asoma la nueva peste existencial del hombre. Todo indica que en ese mundo se morirá libremente, por propia decisión. Cada quien será al fin el soberano de su muerte. Pero saber la hora precisa del tránsito, parece ir contra la esencia misma de la vida, que es negar locamente el propio fin, saber a tropezones cómo vivimos, ignorar gozosamente cuándo y cómo hemos de morir.

Ésta fue la primera historia. La segunda es muy vieja, acaso inmortal, y puede leerse en los *Cuentos jasídicos* de Martin Buber. Dice así:

Cuando el joven Héshel caminaba por el campo, el susurro de las cosas que crecen le hablaba del futuro; y cuando ca-

141

minaba por la calle, le anunciaba el futuro de los pasos de los hombres. Y cuando huía del mundo y se retiraba al silencio de su habitación, sus propios miembros lo informaban del futuro. Entonces empezó a temer, dudando que pudiera seguir por el buen camino ahora que sabía adónde llevaban sus pies. De modo que se armó de coraje y rogó a Dios que su conocimiento le fuera retirado. Y Dios, en su misericordia, le concedió lo que pedía.

No hablemos demasiado del futuro. Dejemos que nos cuente sus sorpresas.

México: La ceniza y la semilla
se terminó de imprimir en
diciembre de 2000, en los talleres
de Cía. Impresora y Editora ANGEMA, S. A. de C. V.
La edición consta de 3 000 ejemplares
más sobrantes para reposición.